JN238185

ウィリアム・リッチー・ニュートン著

北浦春香訳

ヴェルサイユ宮殿に暮らす

優雅で悲惨な宮廷生活

白水社

ヴェルサイユ宮殿に暮らす——優雅で悲惨な宮廷生活

William RITCHEY NEWTON
DERRIÈRE LA FAÇADE, Vivre au château de Versailles au XVIIIe siècle
©PERRIN, 2008
This book is published in Japan by arrangement with PERRIN
through le Bureau des Copyright Français, Tokyo

[装幀] **今東淳雄** ***maro design***
[写真] **南川三治郎**

ヴェルサイユ宮殿に暮らす——優雅で悲惨な宮廷生活　目次

1715年頃のヴェルサイユ宮殿と庭園
1. ネプチューン門
2. テラス
3. 百段階段
4. ラトーヌの泉
5. アポロンの群像
6. 舞踏場の植え込み
7. セレスの泉
8. バッカスの泉
9. フローラの泉
10. 列柱
11. サテュロスの泉
12. 講堂
13. 冷室
14. フランス亭
15. マリー=アントワネットの劇場
16. 牛乳置き場・氷室
17. ベルヴェデーレ（あずまや）
18. オレンジ園
19. 農園
20. マルボロ塔
21. 搾乳場
22. 鳩舎
23. 王妃の館
24. 暖房室
25. 閨房
26. 水車
27. 愛の神殿
28. サン=タントワーヌ門
北の花壇
アポロンの泉
小庭園
水の花壇
城館
南の花壇
オランジュリー
スイス衛兵の池

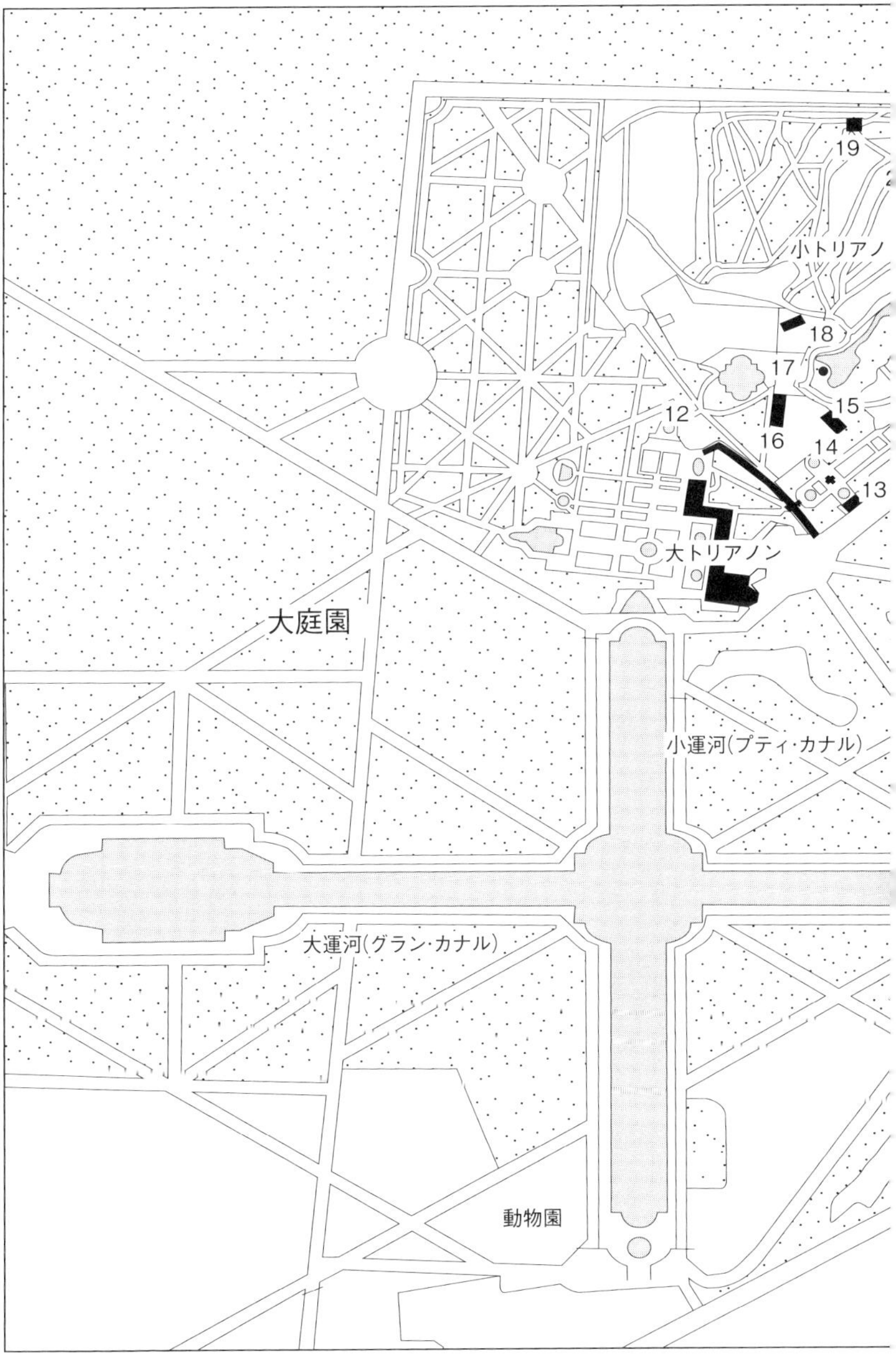
19
小トリアノ
18
17
15
12
16
14
13
大トリアノン
大庭園
小運河(プティ・カナル)
大運河(グラン・カナル)
動物園

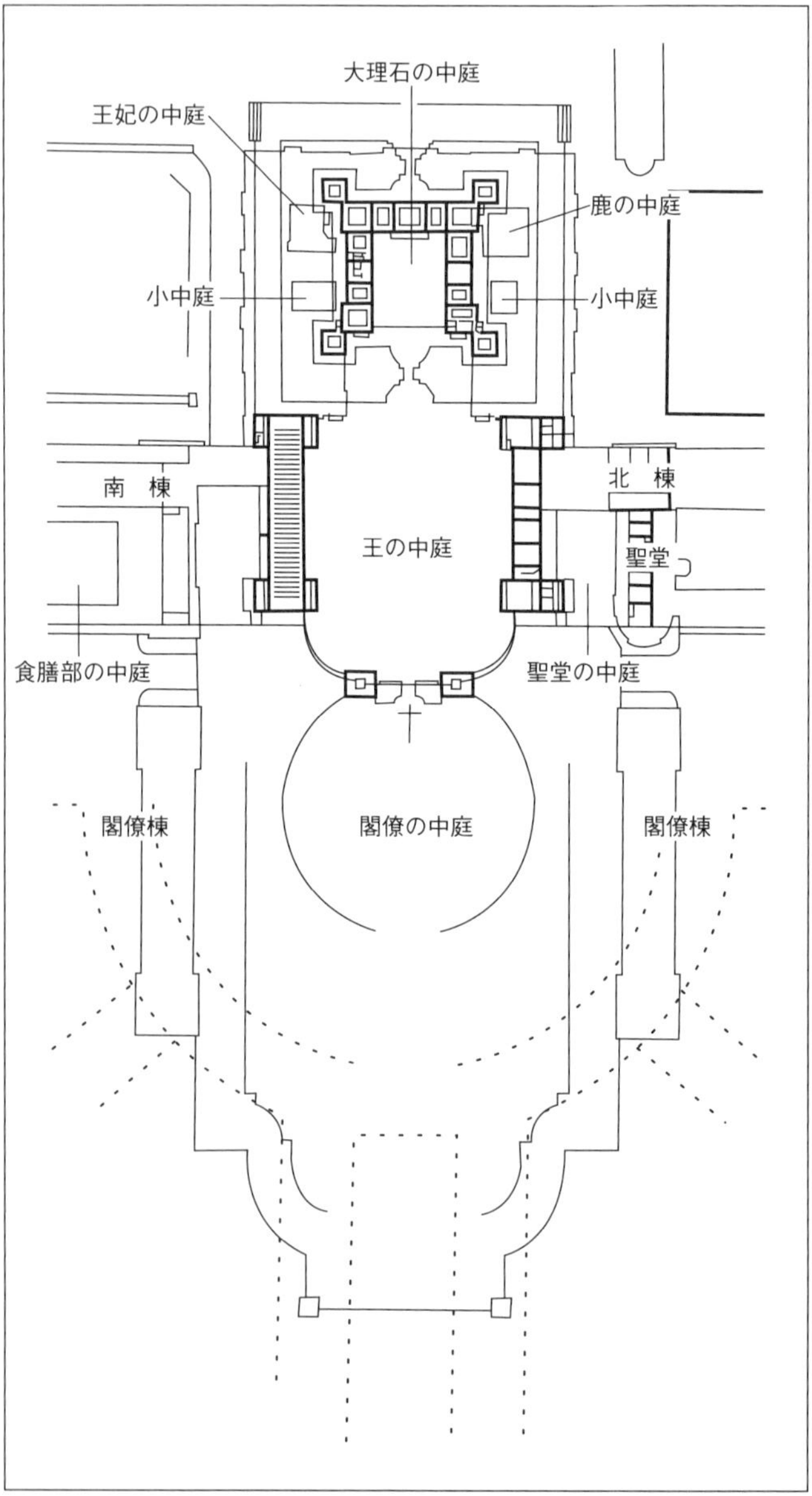

ヴェルサイユ宮殿城館見取り図

ヴェルサイユ時代のブルボン家系図
（10歳未満で没した子供たちは除く）

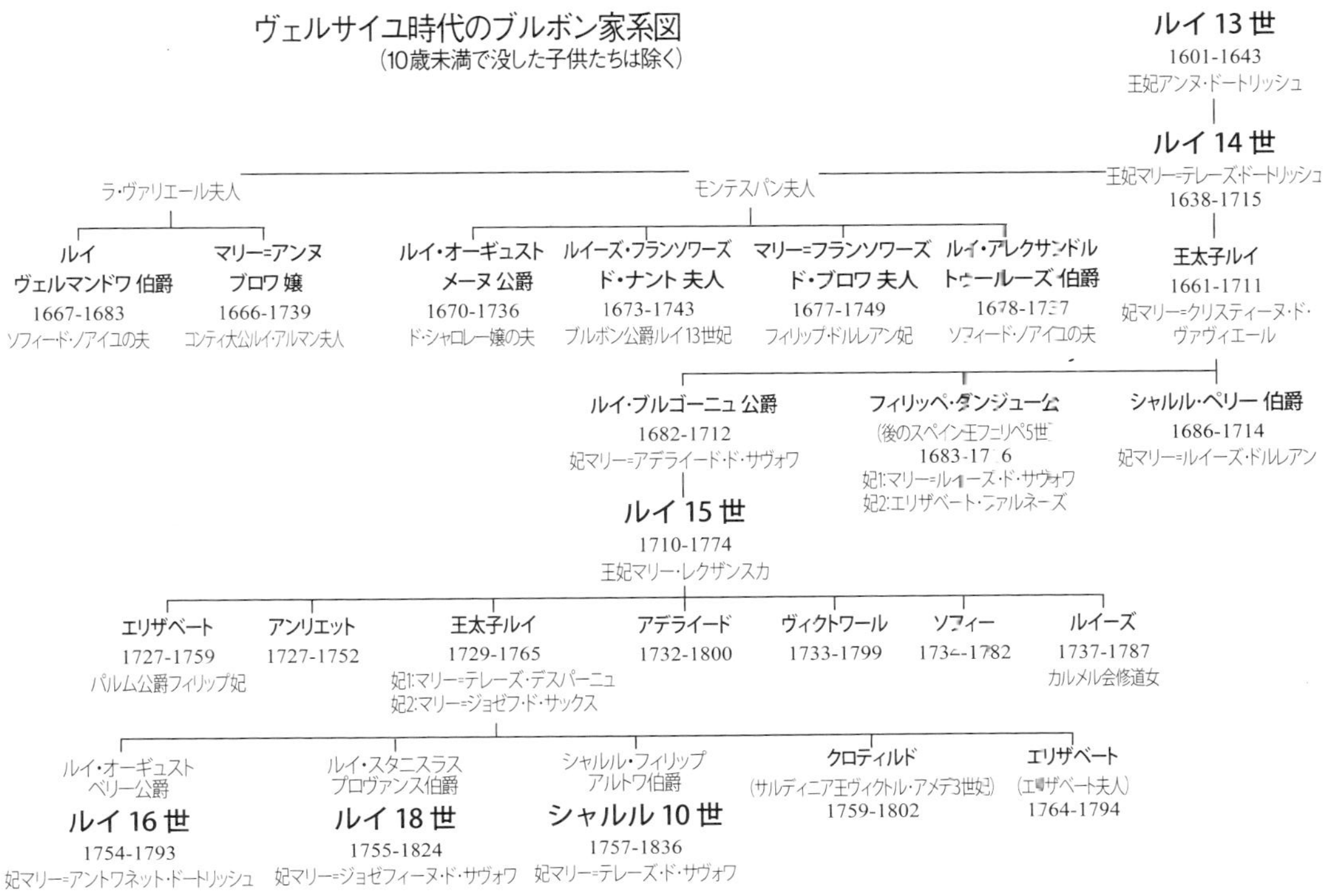
ルイ 13 世
1601-1643
王妃アンヌ・ドートリッシュ
ルイ 14 世
王妃マリー=テレーズ・ドートリッシュ
1638-1715
ラ・ヴァリエール夫人
モンテスパン夫人
ルイ
ヴェルマンドワ 伯爵
1667-1683
ソフィード・ノアイユの夫
マリー=アンヌ
ブロワ 嬢
1666-1739
コンティ大公ルイ・アルマン夫人
ルイ・オーギュスト
メーヌ 公爵
1670-1736
ド・シャロレー嬢の夫
ルイーズ・フランソワーズ
ド・ナント 夫人
1673-1743
ブルボン公爵ルイ13世妃
マリー=フランソワーズ
ド・ブロワ 夫人
1677-1749
フィリップ・ドルレアン妃
ルイ・アレクサンドル
トゥールーズ 伯爵
1678-1737
ソフィード・ノアイユの夫
王太子ルイ
1661-1711
妃マリー=クリスティーヌ・ド・
ヴァヴィエール
ルイ・ブルゴーニュ 公爵
1682-1712
妃マリー=アデライード・ド・サヴォワ
フィリッペ・ダンジュー公
（後のスペイン王フェリペ5世）
1683-1746
妃1:マリー=ルイーズ・ド・サヴォワ
妃2:エリザベート・ファルネーズ
シャルル・ベリー 伯爵
1686-1714
妃マリー=ルイーズ・ドルレアン
ルイ 15 世
1710-1774
王妃マリー・レクザンスカ
エリザベート
1727-1759
パルム公爵フィリップ妃
アンリエット
1727-1752
王太子ルイ
1729-1765
妃1:マリー=テレーズ・デスパーニュ
妃2:マリー=ジョゼフ・ド・サックス
アデライード
1732-1800
ヴィクトワール
1733-1799
ソフィー
1734-1782
ルイーズ
1737-1787
カルメル会修道女
ルイ・オーギュスト
ベリー公爵
ルイ 16 世
1754-1793
妃マリー=アントワネット・ドートリッシュ
ルイ・スタニスラス
プロヴァンス伯爵
ルイ 18 世
1755-1824
妃マリー=ジョゼフィーヌ・ド・サヴォワ
シャルル・フィリップ
アルトワ伯爵
シャルル 10 世
1757-1836
妃マリー=テレーズ・ド・サヴォワ
クロティルド
（サルディニア王ヴィクトル・アメデ3世妃）
1759-1802
エリザベート
（エリザベート夫人）
1764-1794

〔注記〕本文中の〔　　〕は訳注を示す。

プロローグ

ルイ十四世は煌《きら》めく鏡で国を掌握した。王国の貴族たちや欧州の宮廷界、そしてフランス人もみな、一七八九年の秋までは、ヴェルサイユこそ権力の鍵が見つかる場所だと信じていた。歴史家たちはサン゠シモンの残した『回想録』から宮廷での儀式を解読しようとしてきた。公爵だったこの愛すべき作家は、五十ページにわたって床几の儀式を語りながら、読む者の注意をそらさない。世界の秩序は、彼の妻である公爵夫人がどの位置に座るかということによって決まるかのように思えてくる。ジェノヴァ大使の謁見やダンジョー侯爵のカルメル会叙階などの場面でも、ごく端役的な人物にまで細かく気が配られている。だれもが、舞踏会、公の夜食、祝祭といったものが、権勢の豪華さを示すことを認め、ルイ十四世式の見世物にはもっとも距離をおくような人たちでさえ、この偉大なる王がビザンチン帝国に匹敵する祭式を宮殿で行ない、こうした祭式がどんな軍事的な勝利にもまして、仕える者たちや宮廷貴族たちを取りこむ何よりの手段だったことは認めざるを得ない。守衛が衛兵控室のドアを叩いて「陛下のお肉料理のお時間です！」つまり「陛下のお食事時間です！」と叫ぶ一時間も前に、一般人が集まり始める光景を想像してみて欲しい。王なる王は、ライオンのごとく肉しか食べないというわけで、肉という言葉があらゆる食物を指していた。

ありとあらゆる公開の場において、フランス国家は正統性と特権の持ち主たる国王と同義だった。大餐のために食卓に用意された舟形容器の前に、もっとも身分の高い大貴族たちが集まり、女性たちは身をかがめる。こうした食器類に少しでも近づくこと、さらにはコップ、カラフ、皿、ナプキン、椅子を取り扱う役割を与えられることは、社会的地位の上昇を意味し、自分の位階、そしてその結果として自分が享受できる国王の権力の一部を明らかにするものだった。

そのために貴族たちが東奔西走する姿は当時は常識であったが、今日の民主的な世界ではかなり理解しがたい。だがこれは、人間社会につきものの頼みの綱、昇進のための恒常的な図式の一つの形にすぎない。世襲、礼儀作法、社交術が、今日の社会でいう「資格（技能）」にあたる。反対に、国王の目を惹かせ、耳をそばだたせ、呼びかけさせ、聞き入れさせるという能力は、どの時代も共通だ。まさにこれが、権力――ここではその現れ――の「しくみ」の中に入り込み、歯車の一つになるための手段だった。決して安定的とはいえない地位を獲得し維持するためには、さまざまな制約を受けようとも、ヴェルサイユにとどまる必要性が生じたのだ。

不思議なことに、こうした社会の残した足跡が今ではほとんど見出せない。一七八九年以前には国王の限られた側近しか入ることを許されなかった私的な部屋を含め、国王の居室に、今日では多数の旅行者が押し寄せている。その一方で、宮廷の人々が暮らした居室は、ルイ゠フィリップが南北の翼棟をフランス歴史博物館に転用したため消え失せてしまった。第三共和政時代には両院会議の場に転用――憲法の発布や改正が行なわれ、一九五八年まではここで大統領も選ばれた――された台所や執務室や倉庫の下には、議会の資料室が設置された。権力の象徴は生き残っているが、この建物がかつて宮廷貴族や国王の使用人たちが暮らしていた居室が連なる迷宮だったことを想像するのは難しい。

本書は、消えてしまった世界をもう一度よみがえらせる試みだ。大量の書簡、宮内府建設部長や城館の総督への報告書からは、日々の生活の中で生じていた問題、改装の試み、影響力をめぐる駆け引き、優遇や窮状が浮かび上がってくる。主人の衣裳部屋や簡易ベッドで眠る者も含め、千人以上が詰め込まれていた二百二十六の居室の実情が明らかになったのだ。水、暖房、食事といった生活上の便宜について延々と続く描写は、城館での奇妙な生活を詳細に語っている。ここでは、地位を得るということは日常生活の犠牲の上に成り立つもので、地位が上がればこの苦行が少しずつ減っていくのだった。

こうして見ていくと、国王と宮廷貴族と出入り業者とをつなぐ、恒常的な緊張状態も同時に明らかになる。財政が豊かで分配する官職にもこと欠かなかった時期には、ヴェルリイユの社会はまさに言葉通り、太陽のごとく輝く権力のイメージを与えていた。ルイ十五世の治世の終わりごろ、七年戦争で大敗し財政が逼迫《ひっぱく》した一七八〇年以降、財源も官職も尽きたフランスは、地位に見合わない住居への不満、未払いの債務、建物の荒廃に身動きが取れなくなってしまった王国でしかなかった。鏡の輝きは褪《あ》せ、その再生という重荷が王位の継承者たちにのしかかった。しかし、そのときには、力関係や、十八世紀のパリで始まった多数派の趣味や折合わない多極性といった精神の進歩をも考えなくてはならない時代になっていたのだ。

十八世紀を通して、ヴェルサイユの宮廷には乗り越えることのできない矛盾があった。外壁面《ファサード》の裏には、偉大さと貧弱さ、これ見よがしの豊かさと貧困、装飾と実際の生活とが共存していたのだ。そこは、少なくなった観客が飽き飽きしているのに、建物が廃墟と化しつつあるのに、設備が古くてもはや使えないのに、それでも演目を最後まで演じ切った、権力の劇場だった。演劇ならどれも同じだが、観衆は当時も今も、上手《かみて》〔coté cour「中庭側」の意〕に注目する。これから始まるのは、下手《しもて》〔coté jardin「庭園側」の意〕、ヴェルサイユの宮廷の大切な一部分、舞台裏の探検である。

二〇〇八年八月、テネシー州スプリングフィールドにて

住居

居室不足に翻弄される貴族たち

午睡の小部屋

© Sanjiro Minamikawa

現物支給か手当か

宮廷に仕えることは、そこに住む権利が与えられることを意味し、文官武官を問わず、官職を持つ者たちは国王から住居を与えらることになっていた。きわめて運がよければ城館の中に居室を得ることができ、そうでなければ国王所有のさまざまな建物のどこかに住まうことになった。あるいは、代わりに手当を受け取り、町の中に住むこともできた。もちろん、城館の中に住むことは栄誉だったので、身分ある者ならほかのどこよりも、たとえ自分のすばらしい邸宅があったとしても、城館の中に住むことを望んだ。

今日私たちが目にしている大規模な宮殿は、当初はルイ十三世が周囲の森に狩猟に出かけた際に一夜を過ごすための小さな田舎の館にすぎなかった。続いて、沼地に囲まれた丘の上にごく質素な館が建築されたが、ある記録によれば「トランプ城」と呼ばれるほど粗末なものだった。この館を受け継いだルイ十四世は、これを大きく増改築した。前庭の南側に厩舎棟が増築され、ほどなく住居に転用されて、旧棟と呼ばれるようになる。頻繁な増改築を経てもなおこの棟は生き残ったが、町に面した城館はルイ十八世の時代に建築家ドュフールによって改築され（現在もこの部分に彼の名が残っている）、中庭の北棟との調和が図られた。北棟は、一六六〇年代に台所や職務室のために建築されたものだったが、これもほどなく住居に転用され、一六八二年にヴェルサイユに宮廷が移転してからは、この地の地方長官が入居した。一七一九年に地方長官の職務が総督となると、この翼棟は「総督棟」と呼ばれたが、一七六〇年から壁に亀裂が入り始め、退去せざるを得なくなった。この建物は一七七一年に取り壊されて、ガブリエルが、現在その名を冠してガブリエル棟と呼ばれている建物を建築することになる。

ルイ十四世による増改築では、赤いレンガ、切り石を角部に配し屋根はスレート葺きという当初の城館を中心部に残し、それを包囲するように別の石造りの建物が配置された。北側には国王の大居室、南側には王妃の居室、西側には庭に開けたテラスが〈鏡の回廊〉に変更された建物があった。王族棟と呼ばれた南棟の完成を待って、ルイ十四世は宮廷をヴェルサイユに移転する。一六八九年には北棟に、庭に沿った横長の外壁面《ファサード》がつけ加わった。この二つの棟には、国王や宮廷に仕える官僚たち、王族そして国王自身に仕える貴族たちなど「高貴な家柄」の人々が居を構えた。実際、かなりの家柄の貴族でさえ、国王の起床の儀や就寝の儀、王妃の身支度などに際して「召使い」の役割を引き受け、それどころか、自ら志願した。王室の儀式においてはこうした役目は象徴的な意味合いがあり、実際に召使いがするような仕事はもっと下級の大勢の官僚たちが請け負っていた。

ルイ十四世の時代には、高い官位の者は、国王から与えられた土地にそれぞれ邸宅を構えていた。北棟と南棟が完成するまでは、住居の問題は切実で、マレという弁護士は、オルレアン公フィリップの摂政時代にこう書いている。

「ルイ十四世時代、陛下は常にヴェルサイユにおられましたが、宮廷にご婦人がたの姿はあまりありませんでした。というのも、公爵方はヴェルサイユに邸宅をお持ちですので奥様をお連れになることができますが、ほかの貴族の方々はヴェルサイユの宿屋や家具付きの貸家に奥様を同伴なさることができないからです」

もっと下級の官職の者は、大共同棟という城館の別棟に住んでいた。この大きな建物には、一階に共同の台所と国王と王妃に仕える者たちのための食堂があり、その上には、屋根裏に至るまで四つの階にまたがってさまざまな広さの部屋が用意されていた。大共同棟というのはあまり自慢できる響きとはいえなかったが、城館に近いという利点があった。しかしこの建物がいかに大きかったとはいえ、宮廷に住まうことを許される官僚たちすべてを収容することはできず、不足分はシャンセルリー通りのドゥラス館、オランジュリー通りのルイ館と呼ばれた三棟の建物、サン＝フランソワ通りのニエ館といった、ほかの建物を買い上げたり借りたりしてしのがなくてはならなかった。大小の厩舎や狩猟部で働く官僚や職員には、それぞれの勤務場所に住居が用意された。

宮廷の人々は、自分の位階、職務、家族、個人事情に適した住居を手に入れようと腐心した。その数があまりに多かったため、宮殿や市中にある王家所有の建物だけでは足りず、総督は国王付きや王妃付きの官僚、王太子や専属の官職が予算で設けられていない若き王子に仕える者については、現金での手当を提案した。そのほかの、王太子妃や王女たちなどのお付きの者に対する住居手当は、国庫から支払われた。

市中の住居の賃料は高く、城館からは遠かった。そのため、希望に反して妥協せざるを得なかった。

「四分の一勤務《カルティエ》」〔一年に三か月、一か月に一週間など、四分の一の期間だけ勤務する〕で仕える官吏たちの平均的な給料は三〇〇リーヴルで、この額では家具付きの部屋か、つましい賃貸物件を借りるのがやっとだった。社会的地位や免税を目的に官職を買った下級官僚たちの多くはこういった状況で、職務は週に数日、そのほかの日にはイル＝ド＝フランスやパリ市内の自宅で過ごした。お付きの女官の多くも宮廷ですごすのは三週のうち一週だけで、そのため宮殿での住居がかなり手狭であっても、それほど苦にはならなかった。宮廷に仕える者にとって、四分の一勤務《カルティエ》は田舎生活の憂さを晴らす饗宴の機会であり、また日曜の教会のミサで出発や帰郷が発表されるたびに彼らの威信は高まった。

ヴェルサイユの行政官の推定では、ルイ十四世の即位まもない頃は、「家具付き」の部屋を貸しに出している住民は五十名を下回っていたが、一七二四年にはその数は四百を超え、このほかに商業的なホテルもあった。その理由を行政官は、需要が多かったことと、節約のためとしている。

「国王陛下がヴェルサイユにいらっしゃるあいだは、ここに滞在する者も増えます。賃料は大幅に上がり、あまりの高騰ぶりに住民の多くが家具付きの部屋を貸しに出して収入の足しにしようとしております。官僚、下級官吏、資産家のみならず、靴屋、パン屋、職人、召使い、未亡人から修道士に至るまで、誰もが家具付きの部屋を貸しに出しているのです」

行政官は、太陽王ルイ十四世の治世下の料金を、当局の権限で制限することを進言し、これは一七三五年の王令によって実際にヴェルサイユの居酒屋や民宿に対して適用された。壁紙のないベッド付きの部屋については一日あたり二ソル、ベッド二台の部屋については四ソル。壁紙をはってある部屋については、一日あたり四ソル、ベッドが二台の場合は八ソルだった。

実際には、この料金はかなり簡素な施設に適用されただけだった。近衛兵で聖ルイ勲章を持つ騎士、ボルガール・ドゥ・メスニルの出納簿には、王令として紙の上で決められていた料金よりも、ずっと信用できる数字が並んでいる。住居の賃料として月に二〇リーヴル、つまり一日あたり十三ソルをアンジュ通りの総菜屋だったマルタン夫人に支払い、食事には一日に三リーヴル。別の近衛兵は、二人用の部屋を一日三六ソルで借りている。

届け出のあるものもないものも含め、こうした貸主の他にも、ヴェルサイユにはあらゆる種類の宿泊施設があった。さまざまな条件に対応したその数は百二十ほどだった。ルイ十四世の時代には、身分の高い者はマルシェ広場のレキュ・ドゥ・フランスや、ドフィーヌ通りのロワ＝ドゥ＝ポローニュに投宿した。十八世紀なかば頃、もっとも格の高い宿泊施設はボン・ザンファン通り、現在のパントル＝ルブラン通り三四番地にあったロテル・ドゥ・フォルティソンだった。所有していたのは近衛軽騎兵隊の元大隊長補佐で、小さな居室や部屋を宮廷に仕える人々に貸していた。クロイ公爵もその一人だった。現在の星による格付けと同じように、城館にどれぐらい近いかが施設のランクを決定した。あまり裕福でない者は、遠くに家を借りることになった。たとえば、マルクーという者がベル＝エア通りに持っていた貸家には、一七八二年の夏、書生、仕立屋見習い、大工、土方、石工、荷役労働者やカバン持ちまでが住んでいたようだ。同じ時代、大共同棟の後ろのレコルト通りのミュニール氏はもっと上客に恵まれていた。ポルトー＝プランス〔フランス領サン・ドマング植民地の首都〕の官僚、パリの弁護士、元近衛兵といった、「紳士」や「パリのブルジョワ」と称する顧客たちだった。

贅沢な宿泊施設といえば、シャンセルリー通り〔現在の十八番地〕にグルネイル女史が持っていたホテル・デ・ザンバサダーには貴族しか宿泊できなかった。さまざまな宿泊施設の頂点は、ヴュー・ヴェルサイユ通り、現在の六番地に一六八二年にオープンしたオテル・ル・ジュストゥで、オーナーのドュルロックは、神聖ローマ皇帝ヨーゼフ二世を迎えるという栄誉に浴した。お忍びで旅行していた皇帝は、妹であるマリー＝アントワネットの好意を断り、アントワネットは部屋を整えるために家具係を派遣するだけにとどめた。

宿泊施設を経営する者は、寝床と食事に加え、旅行者たちの馬をつなぐ厩舎も用意する必要があった。食べ物と食器類はワイン商人と居酒屋で調達した。ルイ十五世の時代になると、飲料の製造業者が経営するレストランやカフェが新しくできた。これはルイ十四世の時代には見られなかったもので、美しい内装を施し、蒸留酒やリキュールやハーブティーなどが出された。家具類の価値や一部屋あたりのベッド数の少なさ、さらにはこうした宿泊施設の半数がサン＝ルイ地区にあったことから、四分の一《カルティエ》勤務で勤める官僚の中には、老朽化した大共同棟や職務上与えられる居室を王女付きの女官に譲って、こちらの方に住もうとするものも出てきた。

一七八〇年の改革後、こうした官僚たちが国王付きの「副卓」にありつくかわりに、市中で昼食をとるために一日あたり五リーヴルが支給されることになると、状況は厳しさを増した。宮廷に九十日間勤める四分の一《カルティエ》勤務が三〇〇リーヴル、食事手当が一日に五リーヴル、あわせて七五〇リーヴルが九十日分、つまり一日あたり八リーヴルちょっとで過ごさなければならないとなると、ヴェルサイユに宮廷が置かれていた晩期には自腹を切るよりなかった。宮廷で出世しようと考える下級官僚の多くは、そのために複数の官職を買った。四分の一《カルティエ》勤務を連続して引き受ける場合もあり、同時にいくつかの職務を引き受ける場合もあった。こうしてヒエラルキーの階段をよじ登ろうとしたのだ。費用は年々かさむ一方だったが、それは威信と同時に収入の上昇も約束するものだった。たとえば料理人は、一月から四月まで「ポタジェ（鍋で煮込む野菜の担当）」として働き、六月から十月まで「料理長（ロースト担当）」として働くことができた。あるいは、食膳部での四分の一《カルティエ》勤務の後、王太子付きに回れば、一年中宮廷で過ごすことができる。国王や王妃付きとして仕える者についても同様だった。特に、ルイ十五世妃マリー・レクザンスカ付きの官職が設けられたときは、ルイ十五世に重用されているお付きの者たちがまったくの無料またはきわめて低額でこの職に登用され、かなり得をした。こうした「職業」官僚たち、なかでも家族のいる者にとっては、安定性がとても重要で、国王所有の建物に住居が見つけられなかった場合には市中に家を持つのが一番の解決策だった。

　国王は、建物を建てるというたった一つの条件だけで、土地を鷹揚に与えた。最初の頃は、もっとも立地のいい場所が、建物の外観を統一することを条件にして分け与えられた。サン＝クロード通り三八番地のサン＝シモン公爵邸の土地は、一六八五年に『回想録』の作者〔作家・政治家のサン＝シモン〕の父親に与えられ、翌年契約が締結されたもので、両開きの表門のあるなかば別荘のような敷地には、中庭、車庫、厩舎、建物、庭、裏庭があった。鹿園と呼ばれた地区の大半は分割されて、陪食官たちに与えられた。新しく勅許状を得た者は、土地所有者として少額の税（不動産税）を国王に納め、区画を壁や生け垣で囲いこみ、通路には石畳を敷いた。建物を建てなかった場合には譲渡は無効となったが、その期限は一年ということが多かった。これが障害となる者も多く、そのため十八世紀にはこの地域に住む者は多くはなかった。自分たちが一階に住み、上階を居室や貸間にするような建物を建てた野心的な者もいた。なかにはまさに賃貸マンションといった建物もあったようだ。

小部屋、あばら家、屋根裏部屋

高い官位のお付きの者たちの住居は、たいてい大共同棟にあった。個人用の大きな居室に加え、同じ職務につく官僚たちが共同で居住する居室もあり、各人が自分の部屋を持ち、控の間《ま》と居間を共同で使い、使用人たちは中二階に住んでいた。大共同棟の中でもっともいい部屋は、二階北東の角部屋の八五号室と八六号室で、給仕係侍従に割り当てられていた。四分の一《カルティエ》勤務ごとに九名、合計三六名の官僚たちが共有していたのは、使用人のための中二階が十部屋つき、六つの暖炉による暖房設備が整った十部屋だ。利用者は三か月ごとに変わり、管理人が居室の管理に当たって、宮廷に出仕するあいだの家具や寝具類の貸出しを行なった。

急勾配の屋根の下にある屋根裏は、国王付きの守衛たちが共有する天上の低い部屋だった。一七七八年に守衛たちは、視察官を通し、その報告書の提出を受ける建設部長に宛てて、不便さを訴えている。

「国王陛下の部屋の守衛、四分の一《カルティエ》勤務の十二名は、大共同棟に住居を与えられています。この住居には、三名に一つの部屋しかありません。適切な住居を与えていただけるよう申し出る陳情書が提出されております。三名一室では不便なことや面倒なことが避けられません。各人の性格の違いもありますし、病気や体調不良の際には同室の者にうつしてしまうおそれもあります。守衛たちの部屋は使いにくく、床は抜けそうです。風雨の際には暖炉は使えません。大部屋、というよりは大きな屋根裏部屋を横切っている梁を伝って水が落ち、そのため梁は腐りかけており、いつの日か、がれきの下に埋まってしまうかもしれません。こういった状況ですので、部長に査察と必要な修繕を命じ、何らかの改善が見られますようこの部屋の共有の配分についての命令をお願いしたいとの請願が、守衛たちより出されています」

　視察官は次のような改善策を提案している。

「この住居は梁組みの屋根裏にあり、部屋は一つしかありません。（中略）国王陛下の部屋の守衛たちは四分の一《カルティエ》勤務ごと三名でこの部屋を共有しておりますが、部屋自体は十分に大きいものですので分割可能です。部長におかれましては、三つの仕切りで寝室二つと小部屋一つを囲っていただき、各人がそれぞれ休息することができるようにしていただきたいとのことです。採光のための小窓は部屋の広さに比して十分とは言い難く、日中でも薄暗いため、窓の拡大も求められております。暖炉のある玄関口の扉の変更と新しい部屋割りは、建物の堅牢性と外装に何ら影響いたしませんが、要請にあります暖炉については、床二枚と屋根組みに穴をあける必要があります」

　建設部長はこれに同意し、大部屋は区割りされた。新しい部屋は、学生寮の寝室ほどの広さしかなかった。二十七年の宮廷勤めを誇る七十二歳になる最年長の守衛と、共同廊下の窓からこっそりとこの老人を観察して喜んでいた若い同僚とのいさかいは、共同生活の難しさを表わしている。老守衛は窓を紙でふさいでしまい、若い方は躊躇なくこれを破った。ガラスの代わりに絵が置かれたが壊され、カーテンも裂かれてしまった。ゲリラ戦の終盤、老守衛は破れ目からのすきま風が寒くてしかたないとこぼすようになった。

居住者がころころ変わるため、住居は傷む一方だった。特に若い武官たちは備え付けの設備の手入れにはほとんど関心がなかった。修繕が遅れれば、住居は早晩、居住不能となる。給仕係侍従でさえ、こうした問題を抱えていた。一七七八年には四分の一《カルティエ》勤務の同僚の半分を収容するのが精いっぱいとなって、建設部長アンジヴィエに対して、次のような請願書が出された。

「アンジヴィエ伯爵さま、私ども給仕係侍従は、四分の一《カルティエ》勤務ごとに九名が必要であり、どの期間につきましても、国王陛下は私どもと使用人たちに対し、大共同棟の四階の住居をお与えくださいました。以前は市中に居を求めることも難しくはありませんでしたが、職務上の権利からこれを斥けておりました。今日では住居は希少で高価なものとなり、この権利はどうしても必要です。居住可能な住居は五つしかない状況ですが、二年前にご命令によって食堂の上に設けられた中二階を使用するようにし、中二階にあります使用不能な三つの住居を修繕して国王陛下の侍従の方々のように活用いたしませせば、不足分を補うことができると存じます」

この差し迫った修繕にさえ、六年かかった。

官僚の一団には、「オーディネール」と呼ばれる、通年で勤務し自分用の住居を与えられる長がいるのが普通だった。また、常勤の職員の中には、王妃や王太子、王子王女たちの女官も多く含まれていた。こうした女官たちは、要求の多寡はともかくとして、自分への信頼（ときには自分の魅力も）

を利用して、大共同棟のよりよい住居を獲得し、そこに家族を住まわせようとした。宮廷の官僚の中には同僚の娘と結婚している者も珍しくなく、四分の一《カルティエ》勤務で仕え住居手当を受け取りながら、通年で仕える妻の居室に住む者も多かった。これは城館と市街を管轄する総督の意に沿わず、直轄財産を管理する総督ノアイユ伯爵ははっきりとこう述べている。

「いくつ兼務していても住居（手当）は一つというのが規則であります」

実際、二つを合わせてようやく家族のために市中に家を借りることができるという場合でも、一人の官僚が二つの手当を受け取ることはできなかった。もっとも運のいい場合、たとえば国王付きのフランソワ・シャルル・セシルは、理髪室仕えとして二つの職を得て手当の増額を勝ち取ったが、「現金による住居（手当）」は申し立ての六〇〇リーヴルではなく四〇〇リーヴルだった。二重取得の禁止という規則があったために、「宮廷勤め」の官僚たちは、常により広く、立地のいい、快適で設備の整った住居を手に入れようと腐心し、さしあたっては修繕や改善を次々と申し立てた。また、女官は住居の交換や連結を延々と求めたのだった。

深刻化する居室不足

重要な職務に就くごく少数の者には公邸が用意された。国の主要四閣僚は、大きな前庭を横切る二つの翼棟（閣僚棟と呼ばれた）の中に、ワイン貯蔵庫や屋階まである、まさに邸宅といえる住居を与えられていた。法務大臣は、ヴェルサイユ滞在中、現在、音楽院の建物として使われている個人邸宅に住んだが、ポンシャルトランなどの大物たちは、この住居は城館から遠すぎると考えていた。一七二二年に宮廷がヴェルサイユに復帰すると、国王は現在のアンデパンダンス・アメリケンヌ通りとオランジュリー通りの交わるところにあった元ボーヴィリエ邸を買い取って、財務総監の住居と職場にあてた。しかし総監は職務上、実際はパリで過ごすことも多かった。その向かいにあるシュールアンタンダンス館は建設部長のためのものだった。こうした邸宅は公邸だったので、閣僚が更迭されると後任がそこに入居した。このほかの高官たちには、四分の一《カルティエ》勤務あるいは通年で職務についていているあいだだけ、その役目に付随した住居が与えられた。なかでも重要だったのは、国王に常に付き添う近衛隊長の居室である。四分の一《カルティエ》勤務のあいだ、近衛隊長たちは閣議室と国王の内部屋の真上の部屋に滞在した。これに加えて、城館の中に私的な居室も与えられた。

十八世紀には、総督ノアイユ伯爵は、居室のいくつかを国王付きの主要官職につく者のために確保しようと考え、こう書き送っている。

「私、ノアイユ伯爵は、畏れながら国王陛下に申しあげます。陛下に仕えます大切な任務を担っております者がすべからく、常に住居を確保し、何ら変更なく後任の者に引き継ぐことができることが適切かと存じます。これによって、手間も支出も大きく減らすことができるかと存じます」

国王はこれを認めたが、こういったシステムはついに実地に移されることはなかった。

部屋の空きが出るたびに、可能性のある者たちは、国王の寵愛、血縁関係、友人関係、請願書や手紙といったあらゆる手段を使って訴えを繰り広げた。一七四七年にビロン元帥が高齢のため居室を出たときには、十一名がノアイユ伯爵に入居を願い出た。もっとも確実な切り札は、個人的な身分の高さや官位、宮廷での職務で、重臣や王族付きの主要な者が優先された。宮廷司祭、寝室部侍従頭、国王付き大侍従、近衛隊長、住居担当大元帥は、国王とまったく同じ屋根の下に居住した。ノアイユ伯爵が職務に付随する恒常的な住居を提案したとき、その念頭にあったのはこうした者たちだった。もっと下級の職務を担う者たちは、上層階にある、あまり快適とはいえない、あるいは手入れの行き届いていない住居に甘んずるしかなかった。

住居の分配において次に考慮される点は、職務の性質と、国王にどれだけ近いかということだった。たとえば大小の厩舎の長は、その職務の威信と、国王のそばに常に控えているということから、厩舎にある自分の居室に加えて、城館の中にも住居を得ていた。同様に、王妃、王太子、王女たちの女官頭や衣装係も、主のそばに居を構えることができた。つまり、王族棟の中、王妃と同じ階の居室が与えられたのだ。そのほかの女官たちは建物の上階にある屋階が住居だった。常に国王のそばに控えていなくてはならない者として、主治医と主事外科医も宮殿の中心部の居室を得る優先権があったが、一方で薬剤師はもう少し遠く、翼棟に住んだ。このほかの官僚たち、書き物を担当する書記官などは、国王に常に必要とされるわけではないということで、閣僚棟の別館にしか住居を得ることはできなかった。

宮廷に仕える者の個人的な事情が考慮されるのは一番最後だった。結婚して妻と共に暮らす者のうち、二人とも宮廷で職務につく場合には、大きな居室が必要になる。親しい者以外に対して会食の席を設けたり、招待したりすることもないだろうと考えられる独身者、若者や未亡人が条件の良い住居を得る機会はきわめて少なかった。王子王女や血縁関係のある国王の兄弟や甥を除いては、赤ん坊や子ども、そして若い男女はヴェルサイユには住まうことができなかった。宮廷に出入りしたり、結婚相手や官職を探したりする年齢に達し一時的な滞在をするときに、姿を見かける程度だった。

これが慣例ではあったが、例外も多々あった。部下に「氷のような冷静沈着ぶり」と評されたノアイユ伯爵にも心がないわけではなかった。一七六一年、新しい外務卿プラランが、官邸として与えられる居室の別館としてティングリー公の居室を要求したため、ティングリー公は閣僚棟の居室から立ち退いた。この新しい外務卿に好意的でなかったノアイユ伯は、王妃の居室の上階への仮住まいを提案する。

「私、ノアイユ伯爵は、畏れながら陛下に以下の通り申しあげます。ティングリー公は現在何ら職務を得ておられませんが、陛下に勤勉にお仕えなさる方でございましたので、こうした特別なお計らいをお与えになられるに値することと存じます。ティングリー公のご健康が芳しくはなく、お若いとも言い難いことを思いますれば、このようなご厚意をお与えになってはいかがかと存じます。宮廷にまだ出仕していない夫妻のどなたかに、のちほど居室を譲られませば、どちらにもよいことかと思われます」

数年後、ティングリー公は近衛隊長に任命されて、広く快適な居室を与えられた。

雪崩のごとき部屋替え

新しく部屋が与えられると、「雪崩のごとく」部屋替えの連鎖が起こることもあった。一七四八年には、国王ルイ十五世の寵愛をほしいがままにしていたポンパドール夫人が、〈水星の間〉と〈太陽神の間〉の上階に二つの大きな居室を得た。これはシャトルー公爵夫人が使っていた場所で、その隣が姉のローラゲ公爵夫人だった。ローラゲ夫人は、かつての王の寵愛を受けて王太子の衣裳係に任命され、通年勤務のため数年間、その居室に住み続けていたのだった。確かにローラゲ夫人は気立てのよい宮廷人だったが、この二つの居室は階段と廊下を共有しており、新しく寵愛を受けるようになったポンパドール夫人にとっては過去を思い出させるあまり好ましくない存在だった。そこで、ポンパドール夫人は、より輝かしい一階の居室を得るまでのあいだ、ローラゲ夫人の居室に自分と親しいエストラッド夫人を住まわせたいと考えたのだ。

ローラゲ夫人には、王族棟の王太子のそばに部屋替えが勧められた。ところが、その居室はリュベンプレ＝メリー伯爵夫妻が使用しているものだった。問題を解決するため、ノアイユ伯爵は一七四八年三月、次のような「部屋替えの連鎖」を提案している。

「ローラゲ公爵夫人の住居をエストラッド伯爵夫人に」

「ローラゲ公爵の住居をベイユ・ドゥ・フルレー氏（マルタの司令官で、任務のため不在がち）に」

「リュベンプレ伯爵夫妻の住居をローラゲ公爵夫人に」

「空きが出次第、その住居をローラゲ公爵に」

国王はこの提案を受け入れたが、これで問題が完全に解決したわけではなかった。ローラゲ公爵は、あまり重用されていない人物とはいえ、こうぞんざいに扱われてよいわけがなく、リュベンプレ伯爵夫妻も言われるがままに従うタイプの人間ではなかった。伯爵は王太子の第一馬頭で、伯爵夫人は王太子付きの一人だったので、夫妻はよい居室を得る資格があった。リュイヌ公爵はこう書いている。

「リュベンプレ伯爵は現在のお住まいにたいへん執心がおありです。それは、場所がよいからというだけでなく、その部屋を賜ったという事実ゆえで、申し立てをなさって部屋替えを阻止なさいました」

四月には、鷹番頭のマレ侯爵が亡くなり、国王はその居室を「後任に住居が与えられていなければその者に、すでに与えられていれば王女付き女官のラ・リヴィエール夫人に」との命を下した。ところが、ポンパドール夫人はすばやく国王を説得し、侯爵の後任に自分と親しいヴァリエール公爵を任命させた。ヴァリエール公爵はその当時、王族棟の南にある別館、シュールアンタンダンス館の屋階に住んでいた。火種となったマレ侯爵の居室（北棟の屋根裏に寝室五部屋に一つの中二階、その上に三つの小部屋）はこうして明け渡され、ノアイユ伯爵はその写しを見直しながら、六月半ばに急逝したシャンパーニュ氏の住居の処理に備えた。二十七日、新たな「部屋替えの嵐」に国王の許可が下りた。

「ローラゲ公爵夫人の住居をエストラッド伯爵夫人に」

「エストラッド伯爵夫人の住居をコワニー夫妻に」

「ローラゲ公爵の住居をエグモン伯爵夫人に」

「エグモン伯爵夫人の住居をローラゲ公爵に」

「マレ氏の住居をラ・リヴィエール侯爵夫人に」
「シャンパーニュ夫人の住居をシヴラック侯爵夫人に」
「シヴラック侯爵夫人の住居をコンスタンティーヌ王子に」
「マルタ騎士団副総長の住居をモンテギュー騎士に（王太子がこの変更を希望した）」
「ドゥ・ビシー氏の住居を、宮廷が始まるまでにドゥ・クレミーユ氏に与え、職務に就けるようにする」

このように十もの部屋の居住者が交替することは珍しくはなかった。この例では、ことの起こりはポンパドール夫人が親しい者を近くにおこうとし、大きな居室の上にある屋根裏部屋すべてを手に入れようとしたことにあった。そこには夫人の部屋に国王が足を運ぶ際に使う、なかば私的な廊下が含まれていた。国王には、寵愛するポンパドール夫人の願いをかなえようというほかに、ラ・リヴィエール侯爵夫人に居室を与えるという意図があった。ラ・リヴィエール夫人はアンリエット王女とアデライード王女の当初からの女官の一人だった。同じ年、ほかに十一名の貴族女性たちが新たにこの務めにあたることになり、ノアイユ伯爵はさらに十名分の住居をひねり出さなくてはならなかった。事態をより複雑にしたのは、国王の娘たち、ヴィクトワール王女、ソフィー王女、ルイーズ王女が女学校から戻り、王女たちのためにまた官職をひととおり（女官頭一名、衣装係一名、女官九名）を設けたことだった。ノアイユ伯爵は半公式のこの官職につく者に十一の住居を用意しなくてはならなくなったのだ。

同じ時期、新しい世代も宮廷に登場した。王太子の子供たちだ。一七五九年には、ノアイユ伯爵は国王にこう書き送っている。

「国王陛下におかれましては、ご所有の地で住居につきまして八万フラン以上を支出なさっておりますが、お子様一人がお生まれになるごとに、費用は八万から一万リーヴル増加いたします」

王太子ルイの息子たちは、七歳に達すると、しきたりに従って、養育係頭が束ねる養育係や侍女を務める女性たちの手から、さまざまな分野の講師や教師の一団を控えた男性の養育係の手へと委ねられた。この通過儀礼は特に厳しいもので、これから教育を担う男性たちへ子どもを引き渡す際には、衆目の中、素裸の子どもを医師が検査するのだった。王子付き侍従（自身も身分の高い、王子の相談役ともなる友人）がこうした子どもたちに付き添いながら、立居振舞いや人の使い方を指導するのである。こうした係につく者たちすべてに住居が必要だった。王太子の息子四名がこの年齢にあたっていた一七五一年から一七五七年のあいだはとくに状況は深刻になった。一番年上のブルゴーニュ公が男性の手に委ねられる年齢に達したとき、ノアイユ伯爵はすでに打つ手もなく、国王にこう書き送っている。

「畏れながら、ベリー公爵（のちのルイ十六世）、プロヴァンス伯爵（のちのルイ十八世）、アルトワ伯爵（のちのシャルル十世）がいずれ男性の手に委ねられる時期が来ますれば、お付の方々の増加は必至でございますが、住居の手配を確実にし、その際に混乱を生じませぬよう、陛下におかれまして、私ノアイユ伯爵に対して、ブルゴーニュ公がご結婚なさるまでのあいだ、どの部屋につきましても新たな提供をすることを禁じ、空きの出た部屋を確保しておくよう、お命じくだされば光栄に存じます」

ルイ十五世は、住居を与えられる権利を持つ高貴な家柄の二十三名のリストに恐れをなしてこの提案に同意したが、だからといって状況が変わるわけではなく、一七六一年にはすでにノアイユ伯爵は

「住居の数は減る一方、必要は増える一方」だとぼやいている。伯爵の苦労はまだまだこれからだった。

この年、生来病気がちだった王太子ブルゴーニュ公が亡くなった。そのため一七六五年に新たに王太子となったベリー公爵は、しきたりに従って、国王付きの官僚による世話を受けることとなって、ノアイユ伯爵の肩の荷は若干軽くなった。一七六七年にサックス王太子妃が亡くなり、次いでその翌年、王妃が逝去したが、その専属の官職と住居はそのまま残されて、将来の王太子妃マリー＝アントワネットに仕える日を待つこととなった。さらにプロヴァンス伯爵とアルトワ伯爵が一七七一年と一七七三年に相次いで結婚するとそれぞれに仕える一連の官職が設立されたが、ルイ十五世は、過去の例よりも少ない官僚の数とした。王太子妃付きはプロヴァンス伯爵夫人付きへと引き継がれたが、二人の兄弟に専属の官職は新設ということになった。

総督棟が取り壊され、北棟の端にオペラ座が建築されると、城館における住居不足に一層拍車がかかった。そのためノアイユ伯爵は、国王の娘たち、つまり王女たちに仕える官僚たちを住まわせるすべを失ってしまった。しかし当の王女たちはこの窮状を理解しようとはしなかった。プロヴァンス伯爵が結婚する前年の一七七〇年には、ノアイユ伯爵は国王にこう提案している。

「私、ノアイユ伯爵は、衷心より王女方のご希望をかなえたいと存じますが、今日住居がすべからく不足しておりますれば、王太子殿下プロヴァンス伯爵とプロヴァンス伯爵夫人に仕えます者たちに住居を用意することがまったくできかねる状況です。畏れながら、こうした状況でございますので、私、ノアイユ伯爵は、国王陛下にお仕えいたします者以外については、王太子殿下プロヴァンス伯爵がご結婚なさるまでのあいだはどなたにも住居をお与えにならないよう、そして空きがでました場合にはそれを留保しておきますよう、お願い申しあげます」

この方策はこれまでも提案されながら効果をあげていなかったのだが、地位の序列を基盤とした、簡明でぶれのない分配基準を欠いていたために、またもや失敗に終わった。国王が王太子プロヴァンス伯爵付き第一侍従と伯爵夫人の名誉騎士と衣装係に城館内の住居を与えたため、ノアイユ伯爵はふたたび、宮廷式の懇願と情への訴えの嵐にさらされた。さまざまな説得に対して伯爵は、かの有名な冷静沈着さをもって抵抗しなければならなかった。国王に書き送ったものによれば、「ネスル侯爵夫人は、私ノアイユ伯爵に対して、プロヴァンス伯爵夫人の第一馬頭である夫君が城館内に住居を特別に得られるよう、色じかけで迫って」きたという。

大共同棟の惨状

解決法は一つ、大共同棟を使うこと、そしてそれが唯一の方策だった。ところが、一七七〇年代から、この巨大な建物は大規模な修繕の必要に迫られていた。一七七二年、ヴェルサイユ城外部の建設部監督官は、王族付きの何名かを大共同棟に住まわせようという提案がなされたとき、その荒廃ぶりについてこう語っている。

「居室はかなりひどい荒廃ぶりで、その多くが大共同棟の建設以来空いたままとなっており、大規模な修繕と変更を施さなければ住むに堪えません」

住居は実際のところ、「惨状というほかなく、扉もなければ窓ガラスもない」状態だった。このうち六つの居室について、監督官は翌年の予算に六〇〇〇リーヴルを計上することを求め、「大共同棟の廊下をすべて補修するために、資金を集めることが急務です。大量の木材が取り除かれてしまったために廊下はひどい状態です。硬い石の床材を敷きなおすことが必要と思われます」

女官たちは、城館への参内に毎日御輿代を支払わなくてはならない市中の住居より、宮殿内にある大共同棟に住むことを希望した。しかし、「共同」という言葉の示す通り、従来この建物は下級の官吏、下っ端の養育係、小間使い、使用人、守衛といった者のためのものだった。一方、ネズミ穴を通して、対等の相手ではないにせよ、少なくとも対になる相手――国王、王族、貴族たち――と隣り合わせともいえた。

一七七〇年代には、ルイ十六世が、兄弟とその妃に加えて、叔母にあたるアデライード、ヴィクトワール、ソフィーに専属の官職を設置し、従来、国王の姉妹にしか与えられていなかった厩舎担当、名誉騎士、担当聖職者をまだ独身の叔母たちに認めた。大共同棟という苦い薬を甘くするため、女官たちは城館内では望めないような広い住居を与えられることとなった。

一七七四年、建設部長となったテレー神父は、官僚による居室の不当な又貸しについての調査を命じた。ノアイユ伯爵はこの機会をとらえ、さまざまな問題を総括した報告書を作成する。

「城館内よりは大共同棟の居室の方が、不当な扱いが多いことは確かです。監視の目が行き届きにくく、また入居している者の位もより下になるからですが、ガブリエル氏がオペラ座と階段を建設なさって住居が減ってしまいましたため、城館内の住居を与えられる権利をお持ちの官職につかれております七十八名が、大共同棟への入居をお申し出になりました。よい状態とは言いがたいものですから、お妃方はそのお付きの方々のために、自費で一つの住居を三つにするということをなさるのも珍しくありません。国王陛下がこれに同意なさっておりますので、私はそれに反対するわけではございません。大共同棟にお住まいの陛下の使用人たちは、最低限必要な修繕も、もっとも基本的な手入れも建設部から提供されないために、自分で費用を出しています」

　ボナック侯爵夫人マリー・ルイーズ・ビデは不幸にもその一人だった。夫人の職はルイ十六世の末娘たち、クロティルド王女とエリザベート王女の女官という、さして高くはない位のもので、一年前に大共同棟の三階に住居を与えられた。幾度もの部屋替えののち、夫人はついに、高貴な階とされる二階に、三つの寝室と三つの屋階、それぞれうち二つには暖炉がついている居室を手にした。この住居はとてもひどい状態だったので、夫人は建設部長に対して改装を願い出た。

「部長様、お留守のあいだに私は、国王陛下から賜りました大共同棟の居室に必要な修繕をトゥルアード様にお願いいたしました。とても急を要しておりますうえ、それほど大がかりではございませんので、トゥルアード様に部長様の特別な命令をいただかなくともよいとは存じますが、畏れながらこの些細な事項について部長様に直にお願い申し上げる失礼をお許しくださいませ。私の居室はこれまで、部屋付きの方々が八十年間お使いになってきたものですが、何ら修繕がなされておりません。傷みがはげしく、恐ろしいほどでございます。同封いたしました建設部の視察官の報告書をご覧になっていただけましたら、私が本当に必要な、国王陛下にごくわずかな支出をお願いするだけのもの、大共同棟に住居を賜ることを承知いたしました者がお願いしてもおかしくないものだけを申し出ているとご判断いただけることと存じます。もし城館内に住居をいただいておりましたら、私の前にお住まいだった方のために整えられ清潔に保たれておりますでしょうから、私もそこに住まうことができます。私は城館内の住居を要求いたしませんでした。おそらく、二か月前に妃殿下のお付きの者たちが入居なさった大共同棟の居室についても、城館内と同様に、建物の築年には逆らえませんものの、それなりに満足できます状態でございましょう。恐縮ではございますが、どうしてものお願いをさせていただく所存でございます」

返事のないまま、ボナック夫人が宮殿に戻る日が来た。

「宮廷でのお仕えが始まりました。私は与えられた部屋に住まわなくてはなりませんでしたので、お返事をいただけないまま、必要な壁の塗り替え、建具工事、左官工事をさせまして、御命がございませんためにお代金も支払うこととなりました。私の給金も、夫ボナックの年金も支払われておりませんうちに前払いをいたしますことは、たいへんな難儀でございます」

建設部長の承認を得ずに工事を始めることは、大きな誤りで、部長の権限に対する侮辱だった。部長はこの「改造」に異議を唱え、代金の支払いを拒否した。ボナック夫人は、一部だけでも払い戻しを受けるのに三年もかかった。だが少なくとも、夫人は居室に家族を住まわせ、その職を義理の娘に引き継いだ際には部屋を受け渡すことができた。いずれにせよ、建設部がいくらか欺瞞的であったことも確かだ。宮廷に仕える女官たちを大共同棟に住まわせ始めたとき、監督官は工事の必要を指摘しながらこう書いている。

「こうした修繕の一部はもう済んでいますが、基本的には部長様のご同意が得られるとのお約束のもと、入居なさる方々がその費用を立て替えていらっしゃいます」

このあとで部長が交代したことが確認されている。

ボナック夫人が新しい住居に移る一方、アデライード王女の女官としてフラマラン侯爵夫人が任命された。一七七六年、四年間待たされたものの、夫人は大共同棟に住居を与えられた。幸運にも、高貴とされる階にあり、小さな衣裳部屋あるいは低い中二階を含め、隅から隅まで改装された十一部屋の居室だった。大共同棟には、ボナック夫人や、クロティルド王女とエリザベート王女の女官を務めるソラン侯爵夫人がいた。ソラン夫人は、ヴァッサン家の居室を与えられた。この部屋はヴァッサン家が国王付き石工頭の官職を得て父から息子へと一世紀近くにわたって受け継がれてきたものだった。ノアイユ伯爵は、若きヴァッサンの姿勢をこう誉めている。

「私は、住居について、誠意ある、そしてものわかった人物をついに見つけ出したという気がしております」

この居室は「とてもよく整備されており」、視察官によれば、「聖堂の並びの角に三つのガラス窓（中略）、暖炉のある大きな部屋が三つと、二つの衣裳部屋といった具合で……バルコニー側の二階にございます」。建設部はガラスをはめるだけでよかった。七年後、ソラン侯爵夫人はより贅沢を求め、古い暖炉のかわりに、「大ガラスと二重框のついた」アルコーブを要求した。

年を追うごとに、大共同棟の二階や屋階でもしかたないと考える女官たちが出てきた。アルトワ伯爵夫人に仕えるエステルノ侯爵夫人もその一人で、調理人が使っていた質素な二つの小部屋で我慢しなくてはならなかった。改装がすむと部屋の居心地はよくなり、その職をダマ子爵夫人が受け継いだときに部屋も譲られた。

宮廷の人々は常に城館内に住むことを夢見ていた。王族付きの官職を得ていたダヴァレイ夫妻は、シュールアンタンダンス館の屋根裏の小さな居室を手に入れたが、これは単に、それまで使っていた大共同棟の居室が大きかったために分割されて、ソフィー王女に仕える二人、ガンジェ侯爵夫人とモンモラン・ドゥ・サン＝エレム侯爵夫人に半分づつ渡ったからだった。

ルイ十六世の時代になると、住居不足は宮廷での毎日に影響を与えるほどになった。大貴族たちは、職務のある期間以外にはヴェルサイユに滞在しようとせず、三週間のうち二週間はパリに住むようになった。さらに、国王自身も、ルイ十四世とは異なり、お付きの者たちが恒常的にヴェルサイユにとどまることを望まなくなった。マリー＝アントワネットは、家柄ゆえに仕えている貴族の女性たちよりも、宮廷の中でもごく限られた内輪の者たちに囲まれて過ごすことを好んだ。ルイ十五世の娘であるいまだ独身の「叔母さまたち」は歳をとり、気候のよい季節になると、甥にあたるルイ十六世から与えられたベルヴューのポンパドール夫人の別荘で、同じぐらい退屈なお供を連れて過ごすようになった。エリザベート王女はヴェルサイユに残り、裕福でないためにほかに行くところのない女性たちに囲まれて過ごした。宮廷は火が消えたようで、シャストゥネー夫人はこう言っている。

「宮廷はまったく流行遅れで、妃殿下の舞踏会では、王女方を含めても、お母さまが十二番目の席次をいただきました」

シャストゥネー夫人の出自がそれほど高くはないことを考えれば、これは驚くべき順番だった。

王妃マリー＝アントワネットの宮廷生活は華々しく始まったものの、宮廷はその魅力を徐々に失い、貴族たちはパリの生活に惹かれるようになった。窮屈な作法、席次争い、古めかしい精神は、社交界の人々や若い世代を失望させた。フランス革命ののち作家となったセギュール伯爵は、パリの知識人層とヴェルサイユの雰囲気との対照的な様子をこう記している。

「宮廷はこれまでになく壮麗で虚栄にあふれていたが、力はなかった。人々は、ヴェルサイユの権力に抗して、『百科全書』にご機嫌伺いをしている」

王権が倒れてから長く作家として活動したジェンリ夫人もこう回想している。

「宮廷にまつわるすべてを嘲笑し、からかいの種にするのがよしとされました。ヴェルサイユに赴くときには、不平をもらしながらいやいや出かけていくのでした。ヴェルサイユと宮廷ほど嫌なものはないと繰り返し、宮廷でよいとされることはすべて、人々から拒絶されるのでした」

こうしたなかで、どうして狭苦しい住居に、しかも手入れが悪く居心地の悪い住居に、住む必要があろうか。

この状況を何とかしようと、宮殿の改築が幾度か計画された。建築家たちがまず念頭に置いたのは大広間と王族たちの居室だった。一七八四年、ルイ十六世は、マリー＝アントワネットのためにサン＝クロードにあったオルレアン公の城館を六〇〇万リーヴルで買い取り、自分のためにはランブイエ城を一六〇〇万リーヴルという大金で購入した。ヴェルサイユ改築のあいだの仮住まいに使おうという意図だったのだが、財政危機をひどくしただけに終わり、浪費のそしりを免れなかった。

一七八〇年代の改革では、まず食膳部、次いで厩舎、そして国王付きと王妃付きの寝室部の官職に手がつけられ、悪しき習慣は制限されたが、人員や経費の削減は段階的なもので、人々がこれを評価することはほとんどなかった。一七八七年から一七八八年にかけての危機に向かって、王政が輝きを失っていくと、閉じ込められた黄金の鳥かごの威信の回復はもはや幻想にすぎなくなったのだった。

食事

豪華な食事は誰のものか

ルイ 14 世の食卓（当時のルセットをもとに再現）
© Sanjiro Minamikawa

「貴賓卓」と「副卓」

身分ある者といっても人間、食事せずに生きることはできない。宮廷では、食卓の空席を常に探し続けなくてはならなかった。宮廷での生活とはまさに、ヒエラルキー内の地位に直結する招待を延々と求め続けることだった。招待する側は相手に対して大なり小なり恩恵を施すことになる。招待を受ける側は恩義を感じ、侮辱的な恩着せがましい態度で扱われたり、思ったより下位の席を割りあてられることに甘んじたりすることも厭《いと》わなかった。

宮廷に仕える人は誰もが国王の客であるというなら、それはまさに「陪食者」——ラテン語の語源からすれば、食事を共にする者——だった。国王その他の王族に仕える官僚たちにはさまざまな権利や特権があったが、食事もその主人に賄ってもらうことになっていた。

「宮廷での食事」にはさまざまな形式があった。高官には手当がたっぷり与えられ、その収入で訪問客や友人、取り巻きたちを食事に招待できた。国王付き大侍従と侍従長は、王がヴェルサイユに滞在するあいだ、給仕頭、ソムリエ、守衛、ウェイターを擁する「貴賓卓」を設けていた。もっとも威信があったのは国王付き大侍従の主催するもので、十八世紀になるとこの歓待の義務は近衛隊長に引き継がれる。午後の始まりに供される昼食（diner《ディネ》）と夜に供される夕食（scuper《スペ》）にはそれぞれ二十二席の予算が組まれていた。そのうち十七席は官僚に、五席は要人待遇の訪問客にあてられ、血縁の王族で普段は宮廷に居を構えていない者も後者の席についた。一七一八年には、二十四名分の銀食器一式が注文されている。これには食器を収める銀細工の箱が一つ含まれており、その箱は貴賓席に置かれて王の存在を象徴的に表わした。この形式は一七八〇年まで続けられたがその威信は衰え、その一方で食卓につく人数も四十名に増えた上に、ほとんどが王の狩りに同行した者となっていった。

次なる貴賓卓は侍従長によるもので、そのために常設の係が置かれていた。予算には日に二度、十二名の招待客が見込まれていたが、その数は一定していなかった。招かれるのは「王がそばにと認めた、身分ある者」であった。いかなる官僚といえども指定席はなかったが、その年の寝室部首席貴族だけは好きなときにこの食卓に加わることができた。そのほかの者は必ず招待を受ける必要があった。特に各国大使が宮廷に参内する火曜日はそうであった。

一七四〇年代になると、侍従長は食事会の主催をやめ、予算上持っていた特権をそれなりの額と引き換えた。あとを継いだのは国王付き給仕長リブリー侯爵で、食卓を自分の居室に移し、招待客の人数を増やし、夕食後に賭けごとをする習慣を始めた。侯爵の死後、地方行政官のもとで働く官僚は、応接間に「緑のクロスがかけられたウォールナット材のテーブルが五つ」あったと記している。ある財界人の若い跡継ぎが次の国王付き給仕長となったが、あまりに派手にやったために食卓も禁止の憂き目にあい、本人は家族によって幽閉されてしまった。この食卓は一時的に中止された後、一七六九年に再開されたが、かなりこじんまりとしたもので、身分の高い客人に対する宮廷の歓待を表わすという当初の目的に沿ったものとなった。

上記二つの食事会の準備には、専任の職員一人がつく台所、小共同棟が使われた。献立は残っていないが、そこで供される六皿の量や種類の多さは目を見はるほどで、胃袋と目を同時に満足させるものだったことはわかっている。当時の給仕の方法は現在のものとはかなり異なっていた。目配りのきく使用人が一人一人に順々に給仕をするやり方は一九世紀になってからのもので、「ロシア式サービス」と呼ばれていた。十八世紀のヨーロッパ貴族たちの風習であったフランス式サービスは豪勢だった。メインの料理はすべて同時に、左右対照のモチーフを描くよう装飾的に食卓の上に並べられた。ポタージュ（肉にソースが添えられたものが多かった）が中央で、アントレがそれに添って並べられ、オードブルが全体を取り囲む。まず、四種類のポタージュ（例えば鶏とウズラといった「食べ応えのあるもの」二種と、鳩などの「ちょっとしたもの」二種）に、大小四種のアントレ（ハム、ソーセージ、パテにソースが添えられたものを含む）が供される。続いて食前の祈りが捧げられた後、自分の使用人を同伴していない招待客は手ずから食事を皿に取るのだった。お付きの者は主人の後ろに立ち、飲み物を注ぐ役割を果たしていた。

フランス式サービスでは、一枚の皿が片づけられたら即、次の皿が用意されていなくてはならず、食卓に何もなくなるということがない。ポタージュの次にはロティ（ロースト）と呼ばれる主菜が続く。これは金串に刺して焼いた牛肉、鶏肉、魚で、たいてい野菜が添えられた。侍従長の貴賓卓では五種類、国王付き大侍従のところでは六種類のロティが出された。主菜の次は、二種のアントルメ。たとえば、リ・ドゥ・ヴォー（仔牛の胸腺肉）、牛挽肉のジュレ、さまざまなパテや卵料理、アスパラガスやキノコなどだ。続いてサラダ類と、果物のジャムかドライフルーツか季節の果物の皿が二つ。そして最後がコンポート、すなわちタルト、ケーキそれにさまざまな焼き菓子の登場である。こうしたデザートは、予算上は「竈《かまど》の皿」と記載されている。

王が公式な食事をする際の豪華さは言うまでもない。宮廷ではこれを「大餐」と呼んでいた。ポタージュ八種、アントレ十種、ロティ四種、アントルメ八種、サラダ二種、果物四種、コンポート六種。大食漢だったルイ十四世は、定期的に公式な食事をとった。ルイ十五世はもっと質素で、儀典上必要なとき以外は小居室での私的な食事を好んだ。ルイ十六世も同様だったが、より家族を重んじ、マリー＝アントワネットや兄弟姉妹たちとの食事が好きであった。こうして、大餐はあまり行なわれない儀式となっていった。一七七一年七月にマリニー侯爵からテレイ神父に宛てた手紙には、食卓が置かれていた王の居室の第一控えの間《ま》の様子がこう書かれている。

「床張りや天井はひどく黒ずみ汚れていて、修復できそうにもありません。ガブリエル氏に見積もりを出させましたが、修繕に九〇〇〇リーヴルほどかかるとのこと。それも、建具を取り外し、古い石膏を取り除いてみて、壁や骨組みが腐っていなかった場合です」

大餐が行なわれなくなっても、国王付きの調理部、パン部、ワイン部には、一七八〇年の改革までかなりの数の人員がおかれていた。だが、国王の食卓における浪費は、単に人に壮大な印象を与えるためだけのものではなかった。食卓の残り物は官僚から下っ端の雇われ人にまで順々に回されていったのである。

手をつけられなかった料理——「デセール」と呼ばれた——は、四分の一《カルティエ》勤務で給仕係侍従を務める九人と、そのほかの五人の官僚に配分された。二人の食膳係《セルドー》（語源は「水を供する者」）が、国王が食事をした部屋から、大共同棟の一階にある給仕係侍従の食堂まで料理を運んだ。この大きな食堂自体も「セルドー」と呼ばれ、シュールアンタンダンス通りの角にあった。給仕係侍従はおのおの自分の従者一人を食卓に招く権利を持っていたので、国王のために準備された食事が順々に二つの食卓を満たすことになった。しかしそれでも量は豊富で、食膳部の官僚たちはあり余る残りをさらに小売商たち（食膳商）に売ることができた。こうした小売商たちは、城館や閣僚棟、大法官府に隣接する通りまで続いている坂の大共同棟の壁沿いに、木製や石膏にスレートを重ねた露店を設ける許可を得ていた。通りに面した壁面の上半分には蝶番がついていることが多く、開くと台になった。町民、兵士、使用人たちはこうして順繰りに回されてくる王の食事のおこぼれにあずかることができたのだ。回されてきた食べ物は、再度加熱されたり、並べ替えられたり、見た目を整えられ、さらに腐敗の始まったことを隠すべくソースがかかっているのが常だった。

国王の居室や衣装部屋や聖堂で勤務するもっと下級の官僚たちのためには、以前ポスト通りと呼ばれたシャンセルリー通り（現在のピエール＝ドゥ＝ノラック通り）に面して、大共同棟の一階の三つのホールに五つの副卓が用意された。大共同棟の中庭とレコレ通りとのあいだに設けられた「共同食堂」では、だだっ広い広間で食事が用意された。煙突と肉焼オーブンから出る熱気を揶揄して、この広間は「地獄」と呼ばれた。国王付き大侍従の副卓には、文武の官僚のために二十二席が用意された。彼らの食事が終わると、次のサービスは国王付き給仕長の一人が指揮した。給仕は二交代制だったので、国王は常に必要な人員を手元に置いておくことができた。つまり、王室の四名の守衛のうち二名が最初のサービス、残る二名が二番目のサービスと、分かれて食事をとった。

この食卓では通常六皿の料理が出されたが、国王の食事や貴賓卓と比べれば食事やワインの質や見た目が見劣りしたのは当然である。彼らの残り物は、パン係、ワイン係、果物係、焼き菓子係として働く大共同棟の四十四名の官吏が勤務場所で食べ、さらにその残りが三十八名の助手に回った。国王付き大侍従の副卓と、給仕長の食卓とで、合計百二十六名の食事が賄われたことになる。

このほかに二つの副卓が大共同棟に用意されていた。侍従の副卓では、国王個人に仕える二十二名、場合によっては二十六名が席についた。司祭の食卓には、聖堂と国王付きの聖職者十名と住居担当元帥一名。どちらの食卓にも特任官僚である給仕頭一名と、残り物をいただく数名の使用人がついた。合わせると、三つの厨房で二百二十五名の食事が賄われたことになる。寝室部、衣装部、聖堂、食膳部で働く下級官僚と、さまざまな護衛関係の官僚のほとんどをカバーする人数だ。王太子に関しても同様の設備があり、王太子付きの特任官僚たちが、国王の負担による食事を供された。王妃、王太子、王子王女付きの官職でもこの方式が踏襲された。主人の食卓、官僚のための共同食堂、そして副卓である。官僚たちは官職を金を出して手に入れた。食事にまつわる官職はそれだけで一つの大規模な官僚制度で、国王の給仕関係が四百三十名、王妃の関係が二百十三名にのぼっていた。

財政が逼迫《ひっぱく》すると、この無駄遣いと腐敗の温床にメスを入れなくてはならなくなった。一七八〇年には国王付きの機構が改革されたが、王妃付きの機構はマリー=アントワネットが長いあいだ抵抗したために一七八七年になってようやく改革された。このときにはほとんどの官職が払い戻しの約束とともに廃止され、最小限の料理人と官僚だけが残った。その官職ももはや売買の対象ではなくなり、費用を抑え誘惑を減らすために、昔のように食べ物を再販する慣習も禁止されたのだった。

高級宿から定食屋まで

こうした食卓に席を占めることのできない多くの官僚たちに対しては、国王から「食事手当」という名目で現金が支給された。また、出入りの商人から決まった量の肉、魚、バターまたは油、パン、ワインを受け取る者もいた。本来これは、職務上、副卓につくことができない官僚のために設けられた制度だが、ヴェルサイユに大家族を住まわせている官僚にとって、こうした実物支給は家族を養うためにかなり重要だったため、こちらを希望する者が多かった。食膳部が改革され、副卓が廃止されたのちは、これまでの日額一リーヴルから三リーヴルの代わりに、五リーヴルが大半の官僚に支給されるようになり、なかなかの上昇幅だと評判だった。

大小さまざまなヴェルサイユの町の宿では、どこでも定食の用意があった。セバスティアン・メルシエが『タブロー・ド・パリ』に書いていることが本当だとすれば、あまり礼儀正しい食卓ではなかったようだ。「常連は、疲れを知らぬその顎でもって、食事の合図と同時に食べ物を飲み込む。粗野で発音もはっきりしないような舌は、逆に一番大きくて味のいいかけらを胃に流し込むには長けているのだ。まるで運動選手のように食卓の皿を空にしていく」

もちろん、これとは別に、各部屋や食事室で食事を供してもらうこともできた。カサノヴァが記すところによると、こうした食卓は確かに旅行者にとってみればより快適ではあるが、通常の手当を受け取っている官僚には経費がかかりすぎ、またおそらく女性だけの客には門戸が閉じられていた。ただ、こうした女人禁制も、騎士エオンにはあてはまらなかったようだ。一七八五年一月、彼は女らしい装身具を身につけ、小間使いを連れて、ヴュー=ヴェルサイユ通りのモデヌ・ホテルに宿泊している。この有名な女装の騎士にとって、宿泊料は四リーヴルにすぎなかったが、昼食は三リーヴル、これにワイン代が一リーヴル五ソル、パン代が三ソルだった。夕食は含まれておらず、毎日別途で八リーヴル八ソルの出費だ。一七五〇年頃にヴェルサイユのブルジョワ向けホテルに宿泊すると、日に一〇リーヴルから一五リーヴルかかったようだ。

十八世紀に入ってまもない頃、それほど身分の高くない一団が、サン=フランソワ通りのオーベルジュで宴会を開いた。集まったのは、宮廷の馬車係の官僚二名、ポルシュフォンテーヌの門番、国王付き守衛、その友人だ。みなおなかを空かせ、喉も渇いていた。鶏のホワイトソース煮込み、鳩六羽のキノコ添え、パン、デザート、ブルゴーニュワイン六本に対して、勘定は一三リーヴル二ソル、それに席料が一人二・五リーヴルだった。一同は、ブルゴーニュワインに酔い、さらにシャンパンを三本注文し、一二リーヴルが勘定に加わったときには騒ぎはじめて、警察沙汰となった。

四分の一《カルティエ》勤務で働く下級官僚たちは、宮殿内の食卓には席がなく、食事のための手当を受け取っていた。彼らは惣菜屋か町の宿屋で食事をとっていたようだ。彼らが借りる部屋代は町の経済に大きく貢献しており、一七一六年から一七二二年のあいだ、ヴェルサイユから宮廷が引き払われたときには、町の経済は大きく傾いた。

屋台で売られる食膳の残り物は、冷えたままか、家庭で温め直して食され、現代のテイクアウトのさきがけだった。かなり身分の高い者でも惣菜屋を利用しており、例えばネスル家の姉妹、トゥルネル夫人とローラゲ夫人御用達の惣菜屋があった。

トゥルネル夫人と懇意になった頃、ルイ十五世はこうした店から夫人宅に食事を取り寄せたが、夫人の方は自分の立場は四輪馬車と台所付きの部屋に値すると考えていた。この関係に注目していたリュイヌ公爵は、一七四三年にこう記している。

「トゥルネル夫人は、王が夫人宅に昼食を配達させるのは望んでいないと繰り返している。夫人によると、夫人が手ずから王に食事を用意できるように設備を整えるのが一番の望みだというのだ」

実際、ネスル姉妹は「惣菜屋に夕食を取りに行かせていた。なぜなら女官が衣装部屋で用意するスープ以外、部屋になかったからだ」

惣菜屋だのみは十八世紀のあいだずっと続いた。ディロン伯爵夫人が一七八二年に亡くなった際には、二万リーヴルの借金を残していたが、その中に「ヴェルサイユの惣菜屋ロッソー氏に五〇リーヴル」と記載がある。

城館では台所を持てないが、町に出れば台所を備えるのも簡単だった。ルイ十四世は宮廷に仕える人々が家を建てることを奨励したので、国王陪食官たちのほとんどが土地を手に入れることができた。こうした貴族の邸宅の所有者は、正面玄関に威厳ある「オテル・ドゥ…」の呼称を掲げることが許されていた。それ以外の人々は、使用人や調理人や御者のために部屋を借りるのが精一杯だった。実際、厩舎は欠かせないものだったし、建設部には邸宅の建設業者から水道の導水申請がひっきりなしだった。また、使用人に食事をさせたり、宮廷でごく内輪の昼食会をするにも台所が必要である。サン゠シモン公爵は、城から七百メートルしか離れていないヴェルサイユの館を、自分の爵位にしては遠すぎると考えて、決してそこに住もうとはしなかった。公爵夫人がベリー公爵夫人の女官頭に任命され、台所付きの居室を手に入れる一七〇九年まで、公爵夫妻の昼食はサン゠クロード通りの館から城館まで運ばれていたとさえ考えられる。

黙認された台所と内密の竈《かまど》

城館内の台所付きの居室は羨望の的だったが、そもそも建築当初の計画にはそうした部屋はなかった。十八世紀には、国王と王妃や王族のための台所を別とすれば、薬剤師の中庭に面して、シュールアンタンダンス館の中にあった台所が、王族棟内の唯一のものだった。しかもそれは、これは一六八二年に宮廷がヴェルサイユに移される直前に南棟が増設されたとき宮殿に組み込まれた、簡素な館の一部にすぎなかった。

一六八九年につくられた当初の建築計画では、北棟には肉を焼くために大きな煙突のついた広い台所が含まれていたようだ。この台所は、北棟や中央城館の北半分の居室に住む士族の食事のためのものだったが、その後いくつかのより小規模の台所に分割されて、王族以外の者の食事の用意にも使われた。

その近く、庭園入り口に面した居室とレゼルボワール通りに面した居室とをつなぐ翼棟には、のちにサン＝シモン公爵が使用した台所がある。この三つと、閣僚棟の台所を除けば、城館に存在する台所はすべて、もともとはほかの用途に使われていた場所か、中庭の壁に接して設けられた小屋の中につくられたものだった。

一七四〇年以降、建設部の書簡に台所の存在が記されるようになる。一部は臨時のものだったが、そのほかは内密の、あるいは「黙認された」台所だった。一七七五年にムシー公爵・元帥となったノアイユ伯爵は、ついに堪忍袋の緒を切らした。伯爵は、宮廷に仕えた五十年の歳月と、アルム広場に最初の家を建てた一六六一年来のヴェルサイユ居住の日々を思い出しながら、建設部に宛てて、台所と竈《かまど》がいかに困りものであるかという報告書をしたためた。

「ルイ十四世陛下の時代には、そのようなものは城館の中にまったく見あたりませんでした。祖父ノアイユ元帥には二十二人の子供がおり、そのうち十二人は昼間も元帥のもとで食事をとっておりましたが、それでも台所は宮殿の外の自分の家にしかなかったのです。昼食の時間には、ポーターが一つ二つのバルケット〔小舟形の調理品持ち運び容器〕を運んで参りまして、控えの間《ま》にある竈で温め直します。（中略）ところが、人々の心持ちがゆるんできたのでしょう、ついには回廊が宮廷の台所となる始末。（中略）ドンブ公やウー伯爵は、竈は控えの間《ま》にしか置いておりませんが、前庭に台所を設置しております。こうしたものはすべて撤去し、回廊の交差部には害のない薪箱のみ許可されることが望ましいと思われます」

問題の解決は誰に委ねられたのだろうか。建設部長アンジヴィエ伯爵は、一七七五年に総督ノアイユ伯爵との往復書簡の中で、協力を呼びかけている。

「回廊を汚損する竈、台所、炭道具について、私たちの職務はある意味で重複しているように思います。動かせるものについては、警察の命令や軍人による日常の清掃検査の範囲、すなわち総督のご管轄ですし、壁に固定されて建物の一部となってしまっているものについては、私の担当する部分かと思います」

これに対して、ノアイユ伯爵はこの機会をとらえ、宮廷人らしく女性を引き合いに出しながら、別の問題も取り上げている。

「竈、洗面台、炭箱、駕籠入れなど、通行を妨げ、壁を破損し、回廊を汚損するものすべてを取り除かせるために国王陛下の命をいただくためには、部長にお願いするほかありません。女官たちが衣服をだめにしたぐらいなのですから」

対するアンジヴィエ伯爵は、「何より場の威厳というものをだいなしにする不潔さ」に一致して立ち向かおうと呼びかけている。

「この問題の理解につきましては、私も気持ちを同じくしております。常より考えておりましたが、共同で国王陛下に報告書をしたため、陛下が詳細な命を下されるようにいたしまして、その執行にあたって何人も異議を唱えられないようにしてはいかがでしょう。（中略）陛下がご自分で、変更の余地を残さず、最終的な命を下されることが何より重要な点と思われます」

ノアイユ伯爵の念頭にあったのは清潔さであり、アンジヴィエ伯爵の懸念は火災の危険だった。火災に備え、台所はたいてい水の使いやすい一階につくられていた。結果として、「水道管」が手近にあった北棟のオペラの中庭と、王族棟の中庭の周りに台所が林立することになった。

あちこちに木製の掘建て小屋があり、建設部の視察官は、国王の台所に近い食膳部の中庭の小屋について一七六九年に問題にしている。

「テッセ伯爵未亡人の台所は（中略）崩壊寸前だったため、ノアイユ伯爵に通知ののち解体されました。なにしろ、王族の回廊の手すりの下にありますのに、皆がその上に投げ捨て続けた排泄物や腐ったごみで辺りが汚くなったので、この台所を鉛で封印しなくてはならなくなりました。ところが堆積物があまりに分厚く、悪臭を放っておりましたために職人が作業を拒み、まず屎尿汲み取り人にこれを取り除かせなくてはなりませんでした。もともとこの台所は、ヴィルロワ公爵の竈としてのみつくられたものです。館が遠かったため、国王陛下がこれを拒否なさらなかったためですが、公爵以前の時代にはそもそも問題にもならなかったものです」

一時しのぎの掘建て小屋には、炭火ストーブが備えてあり、火災の危険があるばかりでなく、廊下の視界や光をさえぎっていた。そのほか、屋根裏につくられた台所もあったが、高い所なので臭いは逃しやすかった。ちなみに、国王の小居室のための私的な台所は、城館中央部の屋根裏にあった。シャトルー公爵夫人は、自分の居室用に使うため、これに一部をつなげて台所を設けることに成功した。ほかにも、大居室の屋根裏の片隅に、幸運にも台所を設けることに成功した者もいた。

こうした例外を除けば、城館中央部での台所の設置は禁止されていた。無許可の台所二つは早々に撤去された。そのうちの一つは、大理石の中庭と庭園とのあいだ、ルイ十四世時代に通路として使われ、もともとは列柱回廊と呼ばれていた一階の迷路の中に、即席でつくられたものだった。総督ノアイユ伯爵はこの弊害について、建設部長アンジヴィエ伯爵宛てにこう書き送っている。

「妃殿下の小居室の廊下には、ヴィクトワール王女の衣装係が炊事をする部屋があります。石炭の臭いが廊下を伝って、国王陛下と妃殿下にご迷惑となっています。この状況を改善するには、妃殿下の昼食の温め直しや、お部屋で湯浴みされるときの湯沸かしに使うこの台所を撤去するよりほかに方策はないかと思われます」

衣装係に暇を出すのは簡単なことだが、手強いブランカ公爵夫人を相手にするとなると話は別だった。ブランカ夫人の住居は王太子妃の居室の一階にある続き部屋だったが、ここは宮殿の中心部が王族棟と交わる場所にあたり、ルイ十五世の王女たちの女官を務めたこの夫人は、控えの間《ま》に台所を設けていたのだ。デンマーク王のご訪問に際し、この居室が宿泊先として割り当てられたときには、建設部の視察官たちが大慌てでこの「恥ずべきもの」を一掃しようとしたのだった。

王族棟の屋階にいたっては、庭側の十一の居室のうちの六つに台所があるとの記述があり、残り五つにもおそらく台所はあったと思われる。さらに、北棟の屋階の庭側の居室については、六つのうち三つに台所があって、ほかにも竈を使っていた居室が一つあった。広い廊下に囲いを立てて、小さな台所をつくるのはよくあることで、しかも採光のための窓は公共の通路に面していることが多かった。

竈はたいてい炭火を使っていたため、使用人にとっては密閉空間での中毒の危険を伴うものだったが、煙があまり出ないという利点もあった。ノアイユ伯爵は、断固たる態度でこれに処した。

一七七五年に国王に書き送った書簡には、こうある。

「ラ・スーゼ侯爵夫人とナルボンヌ伯爵夫人のあいだで、元帥夫人（ラ・スーゼ夫人）の住居の中にあって、アデレード王女の衣装係が返したがらない台所のことで、かなりもめごとがございました。私、ムシー元帥は、新しく設置された竈の不潔きわまりない様相に恐れさえ感じます」

そしてノアイユ伯爵は、ナルボンヌ夫人に「階下の中庭にもともとある台所のどこかにちょっとしたスペースを」割り当てることを提案している。

この後、ラ・スーゼ夫人の近くに居室を持つルイエ伯爵は、上述の中庭への台所の設置を要望し、建設部の視察官も肯定的な意見を出している。

「私もこれは必要なものだと考えます。竈の使用は城館に火事を起こす危険をはらんでおります（中略）。また、設置の費用はルイエ伯爵がご負担なさるとのお申し出です」

閣僚主催の食卓に列席する術

台所のほとんどは、高貴な家柄の女性たちの居室に備わったものだが、その職務は厳密にいえば公的なものでも特任官職でもなかった。女性たちは城館内に住むか、それが不可能な場合には、大共同棟の、小さな居室をいくつかつなげた広い居室に住むことになっていた。手当は四〇〇〇リーヴルから六〇〇〇リーヴルで、原則として食事は自分で賄った。とはいえ、「リブレ」と呼ばれる現金支給を受けることも多く、その名目は招待状がなくとも列席できる食事会を開くためだった。コンデ家の王女の一人、クレルモン嬢は三万リーヴル、ランバル王女は五万リーヴルを受け取っており、この厚遇によって国庫の支出は八万五〇〇〇リーヴル増えた。クレルモン嬢は欲深いことで有名であったし、ランバル王女はあまりもてなし好きのタイプではなかった。

ルイ十五世の治世には、王妃マリー・レクザンスカの女官頭リュイヌ公爵夫人が一万二〇〇〇リーヴルの手当を受け取って、毎晩のように食事会を設けていた。女官たちには席は確保されていたが、宮廷の若い者たちは列席しようと必死だった。この食事会の常連の一人である王妃は、リュイヌ夫人の義理の娘、シュヴリューズ公爵夫人が一七五一年に王妃の女官頭となって煩雑なもてなしの務めを引き継いだのちは、あまり居心地よくはなくなったようだ。一七五一年にアルジャンソン侯爵がこう述べている。

「シュヴルーズ夫人を決して悪く言うわけではありません。機知に富んでいるとは言えないとしても、賢い方です。ご夫婦ともに裕福で気前がいい。少なくとも、義理の母君と同じぐらいに素晴らしい家柄であられる。ともかく、ヴェルサイユで唯一の夕食の宴席ですから」

そのほかの王族のお付きの女官たちは、総督から台所のついていない居室を打診されると強硬に反対した。たとえばナルボンヌ夫人は、台所が住居のすぐそばにあることを求めていた。ごく普通のお付きの女官たちはそんな幸運に恵まれる機会も望めず、どこかに招待されるのを待たなくてはならなかった。招待状の数は、自分が普段仕えている「週番」と呼ばれる小グループのランクに左右された。女官頭が一度に受け持つのは最大で四人まで。どんな顔ぶれになるのかは宮廷生活の刺激剤でもあり、女性たちはこうした固定枠とは別に招待を受けることを狙った。

デュフォー・ドゥ・シュベルニー伯爵の観察によれば、「ヴェルサイユ宮殿に住んでいる女性たちは、閣僚たち、国王付き給仕長、王妃付き第一給仕長の主催する食事会か、ベリンガム氏やジェスヴール公爵主催の食事会あいだをわたり歩きながら暮らしている」

ベリンガム氏とは王の第一馬頭で、四輪馬車その他の乗り物の管理を任されており、仕事場は小厩舎にあった。ベリンガム氏とその名目上の上司にあたる主馬頭は大厩舎にいて、この二人はヴェルサイユの中でも最大規模の台所を持ち、自分専用の給仕長を雇い、水道のある贅沢な暮らしをしていた。

寝室部首席貴族を務めるジェスヴール公爵の方は、性的不能で訴訟沙汰になったとパリで話題になった人物だった。作家のゴンクール兄弟はジェスヴール公爵を「女々《めめ》しいやつ」と呼び、周囲の人々もこう表現している。

「ジェスヴール公爵は誰が見てもまったく女だ。恥ずかしがって赤くなる。家の中やベッドで扇子を使う。刺繍をたしなむ。何にでも口を出す。性格はまったくおしゃべりな女そのものだ。こういうやり方をまったく変えずに結構な歳まで生きてきたのだから相当なものだ。宮廷中の噂の的だ」

ジェスヴール公爵は、食事会のために旧棟の屋階に小さな台所を持っていた。こうした一風変わった横顔にさらにつけ加えるとすれば、公爵の親族はパリに賭博場を所有していた。そのために一七四一年までは放蕩生活を送ることができたのだが、ルイ十五世がこの年に賭博場を閉鎖させ、その補償として十万リーヴルと、年金二万リーヴルを与えたのだ。この額は賭博場で得られる収入の六分の一にすぎず、潤沢な資金を目減りさせないために、やむを得ず高利貸しを始めた。

身分の高い人々との食事の席に連なるには、四名の国務卿、すなわち陸軍卿、海軍卿、外務卿、宮内卿（通常は宗教関係も担当する職だった）の食事会に顔を出すのが理想だった。四名とも、閣僚の中庭の南と北にあった独立した二つの翼棟のいずれかに、それぞれ広大な居室を有していた。地下にある台所は、隣接する通りに対して開けており、中庭と同じ高さには、控えの間《ま》と執務室があり、執務室の屋階では秘書が働いていた。二階には、広く美しい応接間があり、三階には家族のための私的な部屋があった。この四名はみな、ヴェルサイユに滞在しているあいだ、招待状の必要のない食事会を開いていた。一七七五年の行政官の報告には、「閣僚方は自由な食事会をもはや主催していない。来客は招待状を持参しなくてはならない」とあるが、これはパリでの話だったからだろう。

デュフォー・ドゥ・シュヴェルニー伯爵には、固定的な席のある食事会はなかったが、一七五八年に外務卿に任命されたショアズル公爵の、特にすばらしかった食事会に列席して、こう述べている。

「閣僚主催の食事会でこれほどのものは見たことがありません。食事会は昼の二時きっかりに始まり、滞在中の外国の方も、宮廷に出仕している者も、誰もが自由に出入りできました。大きな食卓は三十五人掛けで、準備が整っている別の食卓が隠されております。従者が来客数を数え、人数が三十五人を超えると、次の食卓がすぐに用意されるのです。食器類はとてつもない数で、素晴らしく、すべてに銀細工が施してあり、目もくらむような輝きを放っておりました。一度限りですが、この用意された第二の食卓につくよう求められたことがあります。食卓は別の部屋に準備されていて、大勢の人から逃れたい大使たちはよくこちらに避難してきたものです」

デュフォー伯爵は続いて、ショアズル公爵の従兄弟でその後継ぎとなったプララン公爵の宴席についても述べている。

「私は、いつも月曜日にプララン公爵夫人宅で夜食をいただくことにしておりました。この席には宮廷中から集まった人に加え、火曜日に行なわれる国王陛下の朝の引見に列席するので翌朝早くの出発を予定していない大使たちもいらっしゃいました。二つ目の控えの間《ま》につきますと、公爵夫人の代理として、召使いが食事の席につくよう招いてくれます。いつもブレラン〔ポーカーに似たカードゲーム〕を五名で楽しみました。私は常連でした。賭け金は大胆に十エキュ（三〇リーヴル）です。召使が汚れたエキュを磨いた新しいものに取り換えてくれました。夜中の三時すぎまでいたでしょうか。常連でない方々がお帰りになったあとには、女官が数名残っているだけでした」

ヴェルサイユに滞在する身分ある者は、いつでも閣僚主催の食事会に歓迎された。カレー司令部について陸軍卿主席秘書官と話し合うために年に数回ヴェルサイユに滞在するクロイ公爵は、ヴェルジエンヌ宅で四十名と昼食を共にした。モンバリー大公は百六十名が会する昼食会を催していた。国王がマルリーに滞在するあいだも、閣僚の饗応の伝統は踏襲された。ルイ十六世の即位後の数年間にわたるモンバリー大公の昼食会について、クロイ公爵は次のように述べている。

「別荘での会に望みうるすべてがありました……」。そして、ヴェルサイユでは「私は、ほかの方々と同じく、金曜日の昼食会にお邪魔して日曜日の夜に戻りました。閣僚方はほかの日にはそちらにいらっしゃいませんでした」

こうしたありがたい食事会以外に、クロイ公爵の赴けるところはなかった。一七八一年の二月、食膳部改革の数か月後、内閣改造の直後にヴェルサイユに到着した公爵は、失望を隠せなかった。「迷子になったような気分です。私が日頃お邪魔していた二つの昼食会、サルティーヌ氏とモンバリー氏の食事会がなくなってしまいました。クレキュイ氏（プロヴァンス伯爵の給仕長）主催の会食も、ほかの方のものと同様、廃止されてしまいました。私どもの新しい大臣、ヒギュール閣下は、痛風にお悩みで姿をお見かけせず、まったくもってどこに赴けばいいのか、途方にくれております」

華々しい昼食会と贅を尽くした料理

ルイ十五世の時代には、小居室での昼食会がもっとも待ち望まれていた。公式の昼食会を好まなかった国王は、一七三〇年代末に書斎の上階、愛人たちの居室の近くに、「プティ・パラディ（小さな楽園）」をしつらえさせた。屋階には台所を置き、食事室は夏用と冬用二つ、そして客たちがトランプに興じる応接間。国王はそのあいだに手ずからコーヒーを準備したそうである。この食事に招待される候補者たちは、国王が狩りから戻ってくると国王の部屋に集まった。夕食の前になると、閣議室の入り口か、国王の私的な部屋に通じる階段の下で、係の者が幸運を手にした人々の名前を読み上げる。国王と同じ円卓には、その日国王がお気に召した者が座る。招待された人々は、その身分の高低よりも寵愛の程度に応じて、それぞれ近くに席を占めるのだ。国王は狩りに同行した者を食事に招待することが好きだったため、招待者のほとんどは男性で、多くは皿を手にして立ったまま食事をしなくてはならなかったが、これは食卓につかずとも国王と話ができるということでもあった。軍事遠征や別荘では、マナーはもっとゆるやかだった。

国王が客を呼ばずに食事をとるのは主に夕食だったが、その際の給仕方法は「小餐」と呼ばれた。ルイ十四世は自分の部屋に食卓をしつらえさせ、宮廷の者数名と、寝室部の官僚と大膳部給仕係を幾名か、同席させた。ヴェルサイユでの小餐で食卓に座ることを許されるのは王弟のみだった。公的な儀式である大餐では、国王は王妃と、ときによってそのほかの王族何名かと食卓を共にし、場合によっては王の手からビレッタ〔聖職者の四角い縁なし帽。位階によって色が違う〕を受け取るために赴いている枢機卿も招かれた。国王の就く食卓の手前には、折り畳み式の床几が半円形に並べられ、王女たち、公爵夫人たち、元帥夫人たち、スペイン大公の称号を有する夫を持つ女官たちが、その地位に準じて席を占め、その後ろにはもっと位の低い宮廷の人々、そして大勢の観客たちが並んだ。この会食は一見に値したが、ルイ十五世が小居室に引きこもってからはまれにしか開かれなくなり、世紀なかばにヴェルサイユを訪れた者によれば、同席は格別な名誉というものではなくなっていたという。

ルイ十六世は、即位するとすぐに屋階のプティ・パラディを撤去し、祖父であるルイ十五世の最後の愛人、バリー夫人を小居室から追い払った。空いたその居室を、王の助言者で高齢のモルパ伯爵と首席近侍が分け合った。その後数年で、一階の内部屋から数部屋が切り離され、「小執務室」と名前がつけられた。ルイ十六世の時代には、非公式の会食のために、この私的な国王の居室の端に、食堂と、その隣に立食用の部屋が設けられ、「新食堂《サル・ヌーヴ》」と呼ばれた。狩りに同行した者たちは、これといった儀式抜きで、大きな食卓に席を占めた。食膳部の第二部門の監督官が献立を披露し、給仕にあたった。

一七七六年、小執務室の監督官を務めていたティエリー・ドゥ・ヴィル・ダヴレイによれば、国王はヴェルサイユや、狩りの休憩所としていたサン゠ユベール亭をはじめとする別荘で、月に八回、四十名ほどの夕食会を催していた。サン゠ユベール亭での会食の場合には、同席者はほぼ完全に男性のみだった。

一方、マリー゠アントワネットは、身分の高い人々を大勢宮廷に集めたいと願っていた。一七八〇年にオーストリア大使だったメルシー伯爵は、オーストリア大公マリア・テレジアに宛てて、彼女の娘アントワネットの試みについて、よい方法だと褒めつつ、次のように書き送っている。

「国王陛下におかれましては、過去についてお考えになり、ヴェルサイユに昔のような輝きを取り戻すため、真剣に、さまざまな方策を取られております。王妃様が、お取り入れになったと思われる基本的なやり方をお続けになれば、栄光が戻るのも時間の問題でございます。週に一度の夕食会が小部屋で再開されるようになりまして、多くの方々を惹きつけております。ご陪席の人選がご寵愛に左右されすぎなければ、とても大きな効果をもたらす方法でございましょう。畏れながらこういった指摘をさせていただいたうえで、さらにもう一つ、宮廷が常に人の集まる場所であるために勝るとも劣らないことをつけ加えさせていただきます。それは、王妃様のところで賭けごとをなさることを金輪際、禁止されることでございます」

残念ながらマリー゠アントワネットは、こうした忠告に耳を貸さず、国王がごく内輪の取り巻きや、トリアノンで狩りにお供した者たちと夕食をとるままにさせてしまった。

ヴェルサイユでは、国王が王妃のところで昼食をとる大餐の際には、宮廷に仕える者でも同席を許されなかった。国王が兄弟やその夫人たちと共に昼食をとるときには、王子王女付きの食膳部の官僚を伴ったが、新食堂《サル・ヌーヴ》や王妃の控えの間《ま》に食卓がしつらえられた場合には、使用人が多数必要となった。王族の一人一人に出される料理は、それぞれのお抱えコックが調理し、個人付きの官僚が給仕にあたったためである。そのため、プロヴァンス公がシュールアンタンダンス館に滞在した際の即席の夕食会は、仕える者があまりに多く、互いに邪魔し合って、悪夢のようだった。一八七八年、こうした状況に解決策が見出された。宮殿と隣接する建物とを結ぶ長い廊下に、竈をずらりと並べたのだ。監督官のウルティィエはこう書いている。

「王族方がプロヴァンス公夫人のところへ夕食にお集まりになる際はいつも、公の通路で食膳部の者たちが話をしたり往来するので国王陛下は困惑されているご様子でした。妃殿下は、国王陛下のお気持ちを害さないために、竈を王女方の配膳室の上に設置し、王族方の食膳部の者たちが、誰の邪魔にもならず気まずい思いもせずに自由に職務を果たせるようにするのがいいのではないかとお考えでした。（中略）私も、こうした竈を使うことが一番手っ取り早いことだと思いますし（中略）、廊下の日差しをさえぎらないようにつくりつけることもできるのではと思っております」

厳しいマナーに沿わなくてはならないのは、国王のみならず王妃も同じだった。ルイ十五世妃マリー・レクザンスカは定期的に、女官に給仕させながら宮廷の人々の見守る中で食事をした。カサノヴァによると、ポーランド王女であったこの王妃は大食漢で、一度食したものが再び献立に載ることを嫌ったらしい。王妃付きの女官頭リュイヌ夫人とひっそりと食事をする方を好んだとしても、驚くにはあたらない。

マリー＝アントワネットは、あらゆる儀礼を嫌い、鳥手羽一本とコップ一杯の水だけで満足するほど小食だったため、衆目の中で食事をすることは大の苦手だった。ルイ十五世同様に、アントワネットの居室にも屋階に食堂が設けられていた。ここでの食事にはお付きの女官数名しか同席を許されず、それはマルリーの別荘やサン＝ユベール亭でも同様だった。

宮廷の人々は、こうしたひそやかな食卓に招かれることを切望しており、「陛下、マルリーにお供いたしましょうか？」との問いに沈黙しか返ってこないときは大きく落胆した。とはいえ、マルリーには、王族、宮廷に仕える人々、高位の使用人たちのために百四十の部屋があった。一方、大トリアノンはとても手狭だった。たとえば、一月四日から十日（年次は不明）の国王陛下のトリアノン行幸のためにノアイユ伯爵が用意した人選表にはこう書かれている。

「用意できる寝台は六つ、第一馬頭の分を加えて七つ。五つを使用し、国王陛下が賛成なされば、六つ目と七つ目を順番にいらっしゃる四名の方々に使っていただくことができましょう」

フルリー公爵とサン＝フロランタン伯爵は、控えめに、ご行幸中はただご機嫌を伺いに参内するだけにしたいと申し出た。国王はこれに同意し、マリニー侯爵をつけ加えた。逆に、「火曜日の夕食」の陪席を願い出た七名は却下され、「水曜日の夕食」の四名の候補は「国王の了承」を得ることができた。さらに幸運だったのは、ニヴェルネ公爵とヘサンシュタイン伯爵で、水曜日と木曜日の陪席を許された。木曜日の候補者五名の中で、四名は名前の横に国王の同意を示す小さな印がついているのを目にしたが、ゲルシー伯爵はボヴォー公に差し替えられた。最後に「金曜日の夕食」の陪席については、三名が国王の了承を得たほか、リュジャック侯爵が加わった。トリアノンでの最後の夕べ、九名が位に応じて席を占め、うち五名は国王と昼食を共にした。合計すれば、ご行幸への随行を申し出たのは四十四名、すべて男性で、うち三十四名が夕食への陪席を希望していた。三十四名のうち十二名の希望はかなえられず、二十二名が幸運を手にした。

一六八二年一〇月、ヴェルサイユに宮廷が移されてほどない頃、スルシュ侯爵は、ルイ十四世が宮廷の人心を把握するのにふさわしい祭典の計画を発表した。週に三回の劇の上演、土曜日の舞踏会、そしてそのほかの夜が「アパルトマン」の日だ。午後六時になると、宮廷に仕える者たちが広間に集まってきて、北側の後部席を見つめる。ヴァイオリンやオーボエの音色にあわせ、宮廷の形式にとらわれずにパートナーを自由に選んで舞踏が始まる。続く二つの広間は、王妃が催すゲーム（時には国王が加わることもあった）と、王太子夫妻が催すゲームの部屋だ。緑色のカバーがかかったテーブルは、そのほかの参加者のためのものだ。四つ目の広間にはビリヤード台があり、五番目の広間には、スルシュによれば、「すばらしい飲み物や冷菓のビュッフェがしつらえてあり、誰でも好きに口にすることができました（中略）。何より特筆すべきは、国王はこうした催しを儀式的なものにしたいとはお考えにならず、自由な雰囲気とくつろぎを与えてくださっていたことです」

宮廷に仕えながらこれといった招待を手にすることができず、おなかをすかせた者にとって、ふんだんな食事と飲み物が供されるこうした催しがどれほどうれしいものだったかは想像に難くない。だが、残念なことに、十八世紀になると、祭典はだんだんにまれなものとなった。一七五一年、ダルジャンソ侯爵は帰廷のための娯楽プログラムを発表した。

「今年の冬は、ヴェルサイユでは劇などの上演はございません。時代にふさわしいものをフォンテーヌブローで催すことといたします。ヴェルサイユでは、国王陛下のご到着に際して花火が打ち上げられ、ご滞在中は週に三回、居室での音楽会が開かれます」

ルイ十五世は、宮廷での祭典の華々しさをほとんど顧みなかったが、ルイ十六世治下になるとそれはさらに輝きを失い、「アパルトマン」の催しもほとんど行なわれなくなった。スウェーデン大使がグスタフ三世に宛てて、わざわざ一七八一年の一月と十二月の「アパルトマン」の催しについて書き送るほどだった。

豪華な食事会は、金策に頭を悩ませる下級官僚たちにとって特に魅力的なものだった。王女たちなど成人に達しない女性に仕える女官たちは、ずっと悲惨な状況にあったようだ。一年を通して、三週間のうち一週間の割合で仕えながら、食事手当はつかず、台所のついた居室を賜るほどの地位ではなかった。かといって、その出自や知性や美貌によってしょっちゅう昼食会に誘いを受けるような者がこの役目に就くこともほとんどなかった。こうした仕事はもはや魅力的なものではなくなっていた。ヴィクトリーヌ・ドゥ・シャストゥネーの家族は、娘とセレント侯爵の次男との婚姻に際し、ルイ十六世の娘である気立てのいいエリザベート嬢の衣装係の職を辞する交渉をしている。一七八八年には、こうした仕事は十九歳の若き女性にとってほとんど魅力のないもので、引き立てにあずかるためという理由での結び付きを拒否したのだ。

「いただくお給料で暮らすために王族方に仕えなくてはならないという考えにはとても我慢できません。ご好意を得るためにポトフをつくるなんて、卑しいことですもの」

水

きれいな水は必需品

ラトーヌの噴水
© Sanjiro Minamikawa

費用のかかる大仕事

ルイ十三世の狩猟用の館を、国王と宮廷の宮殿へと変貌させるには、七〇〇〇万リーヴルがかかったと推定されているが、そのうち三九〇〇万リーヴル以上は城館と庭、そしてヴェルサイユの町への水利のために費やされた。一六六四年から一六八九年までの、城館の拡張の時期には、水利工事の費用は全体の半分近くを占めていた。

早い時期からルイ十四世は泉や噴水にとても強い関心を示しており、池や噴水、水に関係する彫刻や建造物を次から次へと増やし続けた。庭園を彩り、その庭園をこよなく愛し、訪問客向けに自ら案内書を執筆するほどだった。こうした水に関する建造物は国王の栄光を高めるためにつくられた。威信と権力を示すために、各国大使や賛助金を出した町村の代表のためのお披露目が行なわれた。もともと庭園が計画されていた土地は、周囲の丘から水が流れ込む場所で、不衛生な沼地にすぎなかった。そこで、自然のままではなく、たくさんあった池を「大運河《グラン・カナル》」と呼ぶ人工的な貯水池に改造しなくてはならなかった。さらにその後、中心的かつもっとも費用のかかった工事は、十分な水を引いてきて――まずはヴェルサイユの近郊から、さらにはどんどん遠くから――、国王の飽くなき泉水好みを満足させることだった。循環ポンプが発明されるまで技術的に一番の問題だったのは、高度の違いによる水圧を利用して貯水池から大きな噴水や多様で複雑な装置に十分な水を行き渡らせることだった。最初の数年は、クラニー城の近く、北東の方角にあった大きな池から主に水を引いてきていた。初めての貯水池はテジス洞窟の上につくられた。一六六七年には、ピエール・パテルの絵画にあるように、粘土質の三つの貯水池の代わりに、もう少し北に十七万リットルの水量の貯水池一つがつくられた。一六七二年には、〈北の花壇〉と〈水の花壇〉の下のヴォールト架構の貯水池が加わった。三四〇〇立方メートルの水量は、より低い位置にある泉水に水を供給するのに十分な量だった。庭園の奥には、「帰路《ドゥ・ルトゥール》」と呼ばれる風車が水を汲み上げ、高所まで戻していた。

一六六〇年代から一六七〇年代にかけて、拡張の一途だった水利システムに新たな水源（河川と貯水池）が加わった。南部と北西部には、利用できる水量の増加をねらって分水路が設けられた。専門家の推定によれば、一連の池と水路をあわせると九〇〇万立方メートル以上が利用されていたとされる。しかし、水の需要はつねに増える一方で、二つの大規模な計画が国王に提示された。一つ目の計画は技術の力によって実現できたが、もう一つは財政的にも人的にも大きな損害をもたらした。

「マルリーの機械」は、ずらりと続く巨大なポンプを使って、セーヌ川の水をヴェルサイユの海抜まで揚水するものだった。リエージュの技師が発明したこの機械は、当時にしては驚くべきしくみで、中州とセーヌ河の主流とのあいだに十四の大きな水車を擁していた。水の流れの力で二百五十三あるポンプが動き、一五四メートルの高度差を克服して、一二三六メートル先のマルリーまで水を引き上げるのだった。一六八六年に機械が完成すると、一連の貯水池、導管、送水路がヴェルサイユまで到達することになった。その半世紀後、一七三七年、マルリーの庭師はリュイヌ公爵の質問に対して、機械はよく故障して、水量も三十パーセントに減っていると率直に答えている。その後も、機械の損壊は続き、民間の天才技師によるこの傑作は、一七三八年には一日に二五〇〇立法メートルの水量しか運んでいないと推定され、その数字は一七八五年になると一〇〇〇立方メートルまで低下した。

輝かしい威信の前には不可能なものなどないと信じるルイ十四世は、ウール川の水を引いてくることを考え、そのために運河を掘り、湿地帯を横切る長くて水位の高い水路を築こうとした。サン＝シモンによれば、この計画はマントノン夫人の領地を潤すことによって彼女の歓心を買おうとするものだった。またほかの者は、これを新しい戦争を念頭においた軍隊の集結をカムフラージュするためのものと疑った。誰もがこの事業を壮大なものと考えた。国王付きの史料編纂管だったラシーヌによれば、労働者の人数は三万人にのぼった。セヴィニエ夫人の推定では四万人である。正確な人数はわからないが、事業の人的な、そして財政的な負担は相当なものだったことは確かである。しかしスルシュ侯爵の報告によると、国王は、召集された三十六の部隊の人員をもとの駐屯地に送り返さざるを得なくなったという。集められた兵士のうち二万人が熱病にかかったり、死亡したりしたからだ。

一六八七年に流行した疫病は、兵士だけを襲ったのではなかった。大貴族の多く、そして二人の男系王子がこれにかかり、国王はフォンテーヌブローへの秋の行幸をとりやめることを考えた。しかしこの行幸は実行された。スルシュ侯爵によれば、「ヴェルサイユの空気はいつもとても澱《よど》んでおり、フォンテーヌブローの空気はいつであれ、ヴェルサイユよりは清浄だから」だった。当時の人々はその理由を、庭園の排水が悪いためだと見ていた。サン＝シモンによれば、ヴェルサイユの「下水」は馬に飲ませることすらできないもので、あるイタリア人は「腐敗した」水利施設が空気を汚染していると推測している。

十八世紀になると、さらに国王付きの医師やヴェルサイユの町の行政官も水が不衛生だと認めるようになる。一七七〇年代には、当時のヴェルサイユで建設部の秘書官を務めていたマルモンテルはこう書いている。

「私が唯一不便に感じておりますのは、散歩ができないことです。信じられましょうか？　すばらしき庭園があるのに、気候のいい季節には通ることができないのです。特に、気温が上がってまいりますと、息づいているかのようなブロンズ像に囲まれた泉水、美しい運河、大理石の池、こうしたものが、遠くまで悪臭を放つ蒸気を発するのです」

一七三〇年から一七三四年にかけて流行した悪性の熱病は、ヴェルサイユの人々が、川の水が不足したために、清潔とはいえない井戸の水を飲用にしなくてはならなかったことが理由とされている。

こうした状況を改善するために、建設部長だったアンタン公爵は、マルリーの水をヴェルサイユに引いてくるために砂岩でできた新しい導管の敷設を命じたが、工事の不手際によって、一七四三年から一七四四年にかけて、これを直径四プース（十センチ八ミリ）の導管に置き換えなくてはならなくなった。そしてこの導管にも欠陥があった。十年後、倍の直径で九七五メートルの長さの導管が敷かれた。四五メートルの高低差のおかげで、川の水をピカルディーの海抜の第一の貯水池まで引いてくることができ、そこから町の東にある丘陵地モンボロンにある第二の貯水池へつながった。この二つの貯水池はそれぞれ二二万八九一六ミュイ（一七万リットル）の容積で、そこからの導管が給水塔までつながっていた。

水の需要は莫大だった。当時の給水塔を描いた版画には次のような説明文が書かれている。

「すべての泉水が稼働すると（中略）、六万九〇〇〇ミュイ（五一万四〇〇〇リットル）の水を三時間で使い果たします。この貯水槽の容量は四二二四ミュイ（三万一〇〇〇リットル）、泉水が動くと四十一分で空になり、三十九分でまたいっぱいになります。水は、モンボロンの丘から、直径一ピエ〔一ピエは約三二五ミリ〕の導管一本と、直径一八プース〔一プースは十二分の一ピエ、約二七ミリ〕の導管二本で引かれています。建物の窓の脇に設置されている信号によって、そしてこの窓の白ガラスが閉まったとき、この丘の見張りをしている守衛がバルブをすべて開くのです。貯水槽の深さは七ピエで、錫メッキの大きな銅の薄板を丸くしたものです。三十個の石製の足台に支えられていて、囲いにはまったく接触していません」

建築家がこう記しているとおりの建造物だったが、管に穴があいたり、公共の泉水のために借用されたり、さらには自宅での水不足のため、個別に多くの分岐管の設置が認められたりして、給水塔に水を満たすためには徐々に時間がかかるようになった。

町の南部では、鹿園の貯水池から、直径五十センチの導管が二本、三三センチの導管が一本出ていて、王族の中庭の下に設置されていた貯水地に水が引かれ、城館の王族棟に水を供給していた。分岐管は、新しい犬舎、近衛隊駐屯地、近衛軽騎隊駐屯地、国王の菜園、動物園、そして大トリアノンまで通じていた。

「飲用に適した水は早晩なくなってしまうだろう」

城館には、町の南部の池から引いた鹿園の粘土質の貯水池の水が給水されていたが、沈殿物のために「白い水」と呼ばれていた。反対に、「マルリーの機械」により取水された水は河川の水だった。とはいえ、いずれも飲用とするほどにきれいな水ではなかった。人々は多額の費用をかけて少量の水を手に入れていたが、ヴェルサイユに遷都が決まると、もっと根本的な解決の必要に迫られた。一六八二年、王立科学アカデミーは、水源の試験を依頼され、そのうちいくつかが採用された。もっとも適しているとされたのはロッケンクールの近くにあるマルリーの森で、海抜が高いためポンプの力を借りずとも城館の一階の高さまで水を導いてくることができるのだった。しかし、送水路として三・五キロメートルにわたって二八メートルの溝を掘る必要があり、その費用は五七万八七四一リーヴルにのぼった。ほとんど稼働せず流量もかなり低下していたものの、この設備は一八六八年の時点でもまだ使われていた。

当時建設部長だったコルベールは、増加する人口に対応すべく新鮮な水を十分に供給する必要に迫られた。科学アカデミーが、町の飲用水の分析にあたった。「ヴェルサイユの水はもっとも上質な部類に入ります」と専門家たちは保証し、慎重を期してこうつけ加えている。

「水質について確信を得たいということでしたら、長年にわたって利用している住民の意見を聞くほかありません。水質については住民がもっとも確かな判断を下していると思われます」

飲用水の給水所が初めて設置されたのは一六七一年のことだ。その後さらに十か所が追加された。

水門の調節所は、ポンプ通りにある王妃付き厩舎の南西の角に一六八三年に建設された水道局の施設の中にあった。この家庭用の建築物は、ルイ十四世が国王の住まう町の住民に誇示する目的でつくられたもので、本物とまがいものが混じったレンガと、切り石でできており、スレート葺きのマンサード屋根〔上部の傾斜が緩く下部が急の二段に折れた屋根〕の二階建てだった。この建物は現在でも、カノ通り十一番地で見ることができ、当時の様子を正しく伝えている。建物の後ろには、ヴェルサイユ総督と建設部長、両方の管轄のもと、バイイとチェスネーの水源から引いてきた飲用水の導管と貯水槽があり、当初はパリ通りから北の住民に水を供給していた。

十八世紀になると、飲用水の供給は次第に不足がちとなっていった。町への給水は、一七三三年には一日あたり八〇立方メートルだったが、一七三八年には一六〇立方メートル、一七四四年以降は二六〇立方メートルとなった。一七六三年の春には、給水があまりに少なく、建設部の幹部たちはこう警鐘を鳴らした。「ヴェルサイユには、飲用に適した水は早晩なくなってしまうだろう」

そして、マルリー川の水を「浄化能力のあるヴェルサイユの貯水槽」まで引いてくることが不可欠だとした。そのためにはピカルディーの丘にさらに貯水池を建設する必要があった。時間がかかる一方で、暑い夏が状況を悪化させた。八月になると、ノアイユ伯爵は建設部を急きたてて建設を進めさせた。当時〈スイス衛兵の池〉を使うか、あるいは飲用水三〇リットルにつき十二ソルから十四ソルを支払っていた七万人の市民はこの建設に感謝した。

翌年の春まではこれといった供給が望めないのに、ヴェルサイユ周辺の池の水は枯れており、何らかの緊急措置が必要だった。〈モンボロンの貯水池〉はもはや三メートルの水位しかなく、それも一日ごとに十六センチずつ低下していた。九月になると、近衛騎兵隊、大侍従、近衛軽騎兵隊の館と、近衛隊厩舎の貯水槽を切り離さざるを得なくなり、大小厩舎の割り当ても減らされた。国王の菜園庭師は、週に二度、三時間の給水しか与えられないと通告され、オレンジ温室にいたってはまったく水が使えなくなった。十月、水道部長ドゥニは、究極の選択を突きつけた。細かな分岐管が引かれている個人の邸宅か、あるいは国王の厩舎と狩猟場、このどちらかへの給水を止めるというのだった。

ピカルディーの丘で延々と水道工事を続ける以外、さらなる措置はとれなかった。一七七一年、監督官は、部下たちが給料や手当を一七六六年以降受け取っておらず、仕事を続けることができないと強調して、新しい貯水池についてこう述べている。

「マッソンという者が監督し作業に当たっており、この貯水槽ができてから、水はつねに清浄で質も良く、誰からも不平はあがっておりません。しかし毎月、にわかづくりのタンクと石を洗い、ブラシで磨き、もとの場所に戻さなくてはなりません。また、毎年、沈殿物を取り除いて洗い、臭いを出さないよう壁との接着部分をきれいにする必要があります。こうした手入れがあるからこそ、ヴェルサイユに届く水が、まるで砂地の泉から湧き出たかのように、きれいで澄んでいるのです」

監督官が求めている要請、つまり未払いの七四〇〇リーヴルのうち八〇〇リーヴルの支払いというのはそれほど高額ではなかったが、気にかかる部分があった。

「畏れながら、ヴェルサイユの町全体にまったく水が供給されなくなることのないよう、改善が必要かつ可能であることを申し上げます。現在の新しい方策ですと、ヴェルサイユへの給水は完全に『マルリーの機械』に依存することになりますが、この機械が壊れる可能性は十分ありますし、少なくとも長期にわたる修理が必要になる可能性があります」

続く六月、監督官はまたもや根気よく訴え続けた。

「ヴェルサイユに毎日飲用に適した良質の水を届けるという私の職務を果たさんがためにこのお願いを申しあげる次第です。定期的に清掃をいたしませんと、水は悪臭を放ちまして飲用できなくなります。お医者様方も、ヴェルサイユで広がっております疾病の一部は水の質が悪いからだと考え始めておられます。これを改善するようにとの要望が私に続々と届いております」

公衆衛生に対する脅威が明らかになったため、マッソンにはようやく九〇〇リーヴルが支払われた。翌年、監督官は対策がとられたことを報告している。町の北部にある水源からの給水が改善したのだ。実際、すこし前まで水道局施設の貯水槽を勢いよく満たしていた流水は、直径わずか四センチの導管の流量にすぎなくなっていた。水源で水を集める流路を立て直し、導管の清掃を終えると、飲用水の町への供給は安定し、城館についても「マルリーの機械」への依存から脱却することができたのだ。

ヴェルサイユの町の飲用水の需要はどれほどだったのだろうか。昼間口にする飲み物、たとえば子供のためのスープ、ハーブティー、コーヒー、新しい流行となっていた紅茶、高価なチョコレートドリンク、陛下の朝食の定番だった「健康にいいコンソメスープ」などには水が必要で、衛生上沸騰させて使われていた。反対に、誰もが食事と共にワインを飲み、日中でも飲むこともあった。シャンセルリー通り沿いの一五〇メートルのあいだに、一七三六年には建設部の認可を得た屋台が二十七あったが、そのうちの六つは居酒屋で、さらに一つがワイン屋だった。ここが特に集中している場所というわけではない。同じ年の警察による推計では、居酒屋は八百軒とされている。喉を渇かしているヴェルサイユの人々は、ビールも重宝していた。こうしたなか、ヴェルディエ未亡人はパリ通りの外れ、プティ・モントゥイユと呼ばれていた門の近くにビアホールを開いていた。通り沿いの溝への吐瀉物の臭いについてたび重なる抗議と請願があったが、総督ノアイユ伯爵はそれには耳も貸さず、建設部に宛てて、こう書き送っている。

「私の考えと致しましては、このビアホールはヴェルサイユの町の者にとって有用かつ必要であるだけでなく、この領地にとって同じぐらい有用かつ必要だと申しあげます」

人々が飲むビールは、王にとっての税金と同義だったのだ！　実際、ヴェルサイユの人々の激しい喉の渇きは、為政者にとって、教会や学校、病院や救護室、それに貧民救済所の維持のために利用できる大きな収入源だった。たとえば一七五四年には、町に搬入された飲料に対する物品税は十一万三五〇三リーヴルに達した。蒸留酒が十八万二二四〇リットル、甘味ワインが一万九六九八リットル、普通のワインが六二七万七六三一リットル、シードルとペリー酒が九九万六八六〇リットル、ビールが四四万五六一七リットルである。

宮殿の庭園の泉水は、多量の水を必要とするために、十八世紀に入るとあまり稼働しなくなった。北棟のはずれにある貯水池や給水塔に水が満たされると、その水の大部分は、洗面や料理や厩舎のために使われた。ところが配水のための給水所はたいてい常に流量オーバーで、たくさんの水が通りに流れ出てしまっていた。鹿園地区の新しい市場に給水所が設置されたときには、建設部の監督官はこう不満を語っている。あたり一帯が水浸しで、冬になると通りがスケートリンクになってしまう、と。

「新市場の泉が一帯への給水に使われるようになって以来、町民たちはこの設備に怒り心頭の様子、できることなら壊してしまえという勢いです」

人々が給水所に向かって石を投げるため、防護柵が設けられ、守衛を置かなくてはならなくなったのである。

だが、公道にあふれ出る水はまったく役に立たないというわけではなかった。とりわけ、溲瓶《しびん》の中身やさまざまな動物の排便、それに食べ残しなどが通りにぶちまけられている状況にあっては。例外は、牛小屋の汚れた敷き藁がたいてい庭師に売られていたことだろうか。命令では、管理人が建物の前の「汚物」を清掃し、壁に沿ってごみを積み上げておき、町と契約を結んだ者が手押し車にこれを積んでいくことになっていた。だがこうした規則はあまり厳密に実施されておらず、一七七九年には、建設部長が次のような掲示を貼り出すほど問題がひどくなってしまった。

「いかなる者も、（公道に）死んだ動物その他の不潔なごみを捨てたり、掃除夫が積み上げた廃棄物を道路にまき散らしたりしてはならない」

多くの場合、人々はゴミを通りの中央の溝に押し出して、雨水やあふれた水がそれを公共の下水まで運んでいくようにしむけるだけで、いっぱいになりあふれ出たものはワインや薪を保存してある地下倉に洪水となって押し寄せるのだった。

悪臭は、宮殿の庭を散歩する者にも不快だった。町の北部や南部の通りから出るごみが、地下にある二つの大きな下水渠に達していたのだが、一つはオランジュリー通りとシュールアンタンダンス通りの角にある鉄門の近く、もう一つはレゼルヴォワール通りとポンプ通りの角にあった。一七三七年までは、ごみの混じったこの汚水が大運河まで到達しており、水を集める小さな池の場合と同様に、大運河すら「悪臭源」の名に値してしまうほどだった。この年、地下溝をつくり、大運河の向こう、ヴィルプリュを通ってセーヌ川まで下水を排水する工事の契約が結ばれた。距離は七〇〇〇メートルで、費用は当初六〇万リーヴルが見込まれた。国王がコンピエーニュとフォンテーヌブローで夏と秋を過ごすあいだに、運河の排水と汚泥処理が行なわれていたのである。

オランジュリー通りの排水がなされていないとの苦情が何年も出されていたが、ついに一七六五年、これまでの工事に致命的な欠陥があったことがわかった。実は、オランジュリー通りの下水渠は事故で使えなくなっており、新しい排水溝がこのすぐ上を通っていたのだ。通りの下は五分の一の距離にわたって飽和状態になっており、下水の水位を一ピエ上昇させ、これを集めて排水するシステムが一七三七年にようやく設置されたのだった。

「入浴は、無益で害を与えるものです」

十七世紀には、水と清潔観念とはあまり結びついていなかった。一六五五年の案内書にはこう書かれている。

「入浴というのは、やむを得ない医学的な措置として以外は、人間にとって、無益どころか害を与えるものです。入浴は体を疲れさせ、それを回復する際には空気中の悪いものの影響を受けやすくなります。(中略)入浴は頭の中を蒸気でいっぱいにしてしまいます」

入浴が基本的で必要な習慣とみなされるようになったのは、それほど古いことではない。一九五四年の時点でも、フランス家庭の十軒に一軒が浴室か浴槽かシャワーのいずれかを備えていたにすぎない。一九六八年になっても、この数字は地方ではまだ十七パーセントだったのだ。

この三世紀前、一六四〇年の手引きでは、紳士たるものは毎日手を洗い、同じぐらいの頻度で顔も洗うよう勧めている。十八世紀に、才女を気取っていたメアリー・モンタギュ女史は、社交界の食卓で隣の席の客に手が汚れていると嘲笑されたとき、笑いながら手招きして、その足を見ようと身をかがめた。宮廷の人々にとって、スポンジでさっと拭く程度が毎日の手入れであり、それ以上のことをするのはやり過ぎでうんざりだという感じだった。「単なる水」よりもさまざまなオードトワレの方が重宝されていたが、オードトワレも体臭を消すほどの威力はなかった。この種の話は、個人的な好みと寛容の範疇だった。コンデ家の家長に嫁いできたパラティーヌ王女は、「腋臭が優美で、遠くからでもその通り道をたどることができる」として有名だった。王女は香水パウダーをいやというほどはたいていたので、王太子妃は彼女が近づくと気絶するほどだった。

ルイ十四世は幼少の頃、顔と手と口を洗うことを教わり、この習慣を起床の儀に持ち込んだ。しかし、のちになると、あまり髭が濃くなかったため、お付きの理髪師に毎日髭をそらせることはしなくなった。歳をとってからは、手早く身体をマッサージさせることから一日が始まるようになる。これは、痛風に対する処方として医師が分厚いベッドカバーを勧めたために、夜中に大汗をかくようになったからだった。ごく基本的なこうした身支度がすむと、位階と職務に応じて謁見が始まる。起床の儀は誰もの関心事で、国王にとっては、宮廷の人々に、いちいち服を手に取らせ、引き立ての証として特権を与えているのだと示す機会であった。公式な宮中暦である『エタ・ドゥ・フランス』には、儀式に参加する者それぞれの役割と特権が示されているが、国王の入浴については、私的なことであるため何も触れられていない。もちろん、羞恥心に対する配慮からではない。国王は一生にわたってほとんど毎日、公衆の面前で肌着を身につけさせていただのだから。

入浴は、衛生のためというよりは官能的な行為と思われており、ルイ十四世が〈国家の広間〉の下に豪華な湯殿をつくらせたのも、寵愛する女性たちとの生活のためだった。王がまだ若かりし頃のラ・ヴァリエール嬢との恋愛は、のどかで素朴な、純愛の趣をもったものだった。端正で活力にあふれた若い国王と、美しく魅力的だが恥ずかしがり屋の令嬢は、静かな場所を求めた。ごく親しい少数の者だけに、昔の騎士のごとく、仲間の印として羨望の的の青いジュストコールが与えられた。彼らに囲まれて、寄り添いながら過ごせることが二人の喜びだった。しかし三十代に達すると、太陽王は異なるものを求めるようになる。慎み深い若い令嬢には、官能的な華麗さや辛辣なエスプリは荷が重く、王の寵愛はほかに移っていった。モンテスパン夫人の登場はこの頃で、一六六〇年代末は、ルイ十三世の館を包囲する形での新しい城館の建築と時期を同じくしている。

ルイ十四世がモンテスパン夫人に贈った湯殿は、ある意味、国王の官能的な歓喜の最たる記念碑である。これは、二人だけの喜びのためにつくられた大きな浴槽だ。一六七一年に工事が始まり、完成は一六八〇年までかかった。寄木細工、大理石、フレスコ画による装飾は、上階にある〈鏡の回廊〉に匹敵する。北側正面には、広い玄関広間があり、続いて西向きの二つの客間があり、二つ目の客間の窓は〈北の花壇〉と〈水の花壇〉に開けていた。回廊の階下には、温水につかって消耗した身体を休めるためには欠かせないとされていた寝室が置かれていた。最後が浴室で、大理石でできた八角形の浴槽があり、その大きさは長さ三メートルちょっと、深さは一メートルほどで、側面には段差と座席が設けられていた。のちに、おそらく身体を洗い流すために、二つの小さな浴槽が大きな湯沸かし器のあった中庭側に加わった。全体的なスタイルは、今日の私たちから見ても、洗練されたスパのようで、ハーブや香の使用は現在のアロマテラピーと同じである。

ところが、こうした装飾の原動力となった情熱は、この湯殿が完成する前についえてしまった。モンテスパン夫人が、国王のすぐそば、大使の階段の突きあたりにあった居室を引き払い、湯殿に移ったときには、夫人と国王との関係は終わっていた。四十代を目前にしたルイ十四世は宗教へ目を向けるようになり、慎み深いマントノン夫人のもとに赴くようになる。情熱的で活発で貴族的な愛人を捨て、暖炉のそばの喜び、王の庶子たちの家庭教師が与えてくれる安穏な包容に身を委ねるようになった。モンテスパン夫人が完全に宮廷から姿を消すと、湯殿はメーヌ公爵に与えられた。結婚したばかりだったこの王の若き庶子は、自分の母親であるモンテスパン夫人よりもマントノン夫人を大切にし、見捨てられた母が軽率にも最後通告のようにしてしまった要望をあっさりと受け入れた。母の衣類をパリに向けて送り、家具は人目につかない中庭からこっそりとではなく、テラス側の窓から運び出したのだ。数年後、弟のトゥルーズ伯爵へ、さらに一七四九年にはその息子パンティエーヴル公爵へとこの居室が引き継がれた。大理石の浴槽は、これを隠すようにしていた上板が取り除かれたが、窓を通すには大きすぎたため、一時は砕くことも考えられた。結局、二十二名ほどの男たちが、縄と滑車を使って、ポンパドール夫人が引きこもっていたエルミタージュまで浴槽を運んで行った。浴槽は一九三四年までそのままだったが、ついにオランジュリーの庭に移された。

ルイ十五世の座浴

十八世紀のあいだに衛生観念が進み、一七九〇年には英国から旅行で訪れたアーサー・ヤングがこう書いている。

「清潔さについては（中略）、フランス人は英国人の家庭よりもよりきれい好きです。（中略）フランスではビデがどの居室にも置かれています。手を洗うための洗面台についても同様ですが、これは個々人の清潔さの証でもあって、英国でももっと普及すればよいと私は思っております」

こうした進歩はヴェルサイユにも波及し、ルイ十五世は一七二二年に宮殿に移ると、すぐに入浴できるよう求めた。一七二八年、王妃マリー・レクザンスカは自分の居室を拡張したが、その際にごく私的に使う部屋の一つに、移動可能な個人用の浴槽を備え付けた。国王の浴槽の方は、曽祖父の豪華な大理石の浴槽とは異なり、銅製で、デルフトタイル張りの機能的な小さな部屋にあった。王妃の浴室はもう少し女性らしい贅沢な装飾が施されていた。どちらも、休憩をとるのに必要なベッドのある小部屋と、お湯を沸かすための中二階が併設されていた。ルイ十四世の大規模な湯殿では貯水タンクが必要だったが、こちらは湯量はそれほど必要でなかったので、召使いたちが手桶で運ぶだけで足りた。

おもしろいことに、ルイ十五世は浴槽には決してつからなかったようだ。まず熱い湯が浴槽に注がれ（冷水は必ずそのあとだった）、銅がかんかんに熱くなる。国王は浴槽の中に置かれた椅子に座り、入浴用の衣服を身につけ、さらに天幕のようなもので身体を守った。入り口にはカーテンがかけられ、冷たい風を防いでいた。

ヴェルサイユにできた最初の公衆浴場は、一六七〇年代なかば、オルレアン公の侍従だったクロード・ロジェが王立浴場というふれこみで始めたものだった。独占権を手に、彼はこの浴場を町の中心部、ドーフィヌ通り、現在のオッシュ通り七番地に建てた。宮殿では、洗面器、水差し、移動可能な浴槽が使われていたようだ。十八世紀には個人的な衛生設備が普及してきており、王族の居室、特に女性たちの居室には、浴槽が備わることが多くなった。王族棟に住む王女たちの場合、一七四七年に改装が行なわれ、城館の中心部の一階にしつらえた新しい住居で、〈鹿の中庭〉に面した浴室を共有していた。ポンパドール夫人も同じく、〈北の花壇〉を望む一階の一連の部屋を改装した際に浴室をつくった。

そうはいっても、宮廷の人々の多くはまだ湯あみの楽しみを認めておらず、一七六五年にドュルフォー伯爵夫人が建設部長マリニー侯爵に浴室の設置を願い出たときの返事はこうだった。

「王族方を除いては、どなたについても浴室は前例がなく、男系の王家のご子女方の中にも城館には浴室をお持ちでない方もいらっしゃいます。伯爵夫人のご要望につきましては、国王陛下のお許しなしでは私は判断しかねる問題ですが、おそらく陛下はお許しくださらないでしょう。相当に危ない橋を渡るご要望かと思われます」

五日後、マリニー侯爵は部下にこう申し渡している。

「国王陛下は、王族を除きいかなる者も浴室を持つことはならないと考えておられる。私に対してはっきりとこれを禁じられた」

宮廷の人々はこの申し渡しにしたがった。

ルイ十六世の時代になると、浴室はもう少し普及してくる。マリー＝アントワネットは毎朝起きると脚を洗い、頻繁に入浴した。この若き王妃は、前王妃マリー・レクザンスカの浴室を図書室に改造して、一部が覆われた浴槽を自分の寝室に座浴用として持ち込んだ。この浴槽はその形から「上履き風呂」と呼ばれた。アントワネットはここで、召使いの見守る中でコーヒーかココアを飲みながら簡単な朝食をとった。慎み深く首元までボタンのついたフランネルのバスローブを羽織り、これを脱ぐ際は視線を避けてカーテンの奥に身を隠した。

世紀が進むにつれ、入浴は特別なものではなくなり、医者も勧めるものとなった。宮廷内の居室についても、家具のしつらえから、さまざまな衛生にかかわる小道具があったことがわかる。ソー＝タヴァンヌ夫人は、自分の寝室の上に「浴室として使う小部屋」をつくらせ、「ブナ材の框《かまち》の上に置かれた赤銅製の浴槽」には必要な小道具として「帯のついた小さな椅子、小さな衝立、二つ続きの安楽椅子、梨の模様が浮き彫りされた木製の側台」が備えられた。湯沸かし器はその下の狭い衣装室に置かれた。小部屋のもう一つの衣装室の方では、「馬の毛を詰めたモロッコ革製のカバーがついた、陶製の便器を備えたビデ」を使っていた。

王妃付き第一司祭だったシャルトル司教は、王妃の居室の上にある自分の部屋の脇に、小さな衣裳部屋を持っていた。司教の死後、一七八〇年に国王付きの聖職者が目録を作成した際には、「ブリキ製の便器を備えたブナ材の小さなビデ、陶製の便器を備えたブナ材の便座のある小さな寝台」が記載されている。健全な精神は健全な身体に宿る――これが正統的な聖職者の生活信条だったわけである。しかし宮廷では、場所がないがために、こうした設備はごく簡単、かつ多くの場合には移動できる一時的なものだった。そうはいっても、だんだんと豪華にはなっていった。一七六〇年、シュヴルーズ公爵は、ダンピエール城とパッシーの別荘の浴室を改装した。ちょうどこの頃、大使の階段が取り壊されたため、公爵はその大理石を利用し、ヴェルサイユの第一級品で自分の浴室を装飾することができたのだった。

この時代の公衆浴場はこうした上品さとは無縁だった。国王付浴室係だったドージュ氏は、「宮廷の紳士淑女の利用に供する浴室をつくる」つもりで、ヴュー＝ヴェルサイユ通りに家を借りた。計画を実現するため、特別な水道の配管の申請もしている。十年後、自ら「浴場経営者」を任ずるラ・ブッシュ氏がこの建物の管理を申し出たが、そこに家具付きの貸し部屋を併設しようとしたため、申請は却下された。建設部長にしてみれば、国王の絵画室や居室に隣接した建物での火災の危険性が大きすぎたのだ。ラ・ブッシュ氏は、少し離れた新興地域にあったモルパ通りに別の場所を見つけたが、それでも町の中心地に浴場をつくる夢が忘れられず、一七八七年に一般に開放されたばかりの庭園の中に五四四平方メートルを与えてもらうよう申請した。申請書の中では自らの評判についてこう書いている。

「整頓された品位ある清潔な浴場は、宮廷の紳士淑女を多く迎えており、その支持を得ております（中略）が、宮殿や軍の施設、旧市街からかなり離れた、町の片隅にありますため、お医者様方や住民の方々から私あてに、新しい計画を進めるよう要請をいただいております」

この大計画には「料金別の浴室、男性用通路、女性用通路、外国からの湯治客用の寝室」が記載されている。提示されている料金はかなり高めで、ヴェルサイユの一般住民の手の届かない額だった。付録のメモには「仕えの者が必要な方のための回廊が二つ、料金は二リーヴル八ソル。タオル類をご用意しない、男女別の回廊が二つ、料金は一リーヴル四ソル」。軍の施設と同様に、下着類のみを身につけると考えて、「私、ラ・ブッシュのところでは一リーヴル四ソルから追加料金なしで必要なタオル類をご用意いたします。二つの回廊の突きあたりには二つの浴室がありますが、これは医師、外科医、司祭の署名のある証明書をお持ちになれば無料で利用できる、専用の部屋です。このほかに、男女別の上向きシャワー、サウナ、蒸気風呂、熱気風呂、下向きシャワーがございます。ヴェルサイユに住んでおられない方には、医師の勧める処方に従って過ごすために宿泊施設を要望する方が多いため、いくつか個人用の寝室も用意する予定です」

あまりにも大げさで、かなり広い公共の土地を使用するものだったため、この計画も却下された。

トイレと椅子型便器

王族の居室の片隅にはたいていトイレが設けられていたが、十八世紀なかば頃までは排泄物の処理をするシステムはまったくなかった。一方でイギリスには、すでに一六七八年から、ロングフォード城に雨水を利用した清掃装置があった。イギリスでの進取の精神はフランスに波及し、こうした珍しい種類の便器は「イギリス式便器」と呼ばれるほどだった。そしてこうした便器を備えた部屋が「トイレ」と呼ばれた。

建物の構成からみると、「衣裳部屋」と婉曲的に呼ばれていた場所は、実際にはもっと広い収納空間で、なかば飾り棚、なかばリネン置き場といったところだった。おまるは基本的な設備の一つで、宮廷の人々の多くは、陶製のおまるをもっと快適で上品な座面にはめ込んでいた。これが「穴あき椅子」すなわち椅子型便器である。外観は座面にクッションのついた単純な箱か椅子型で、下におまるがすべり込ませてあった。普通は一人になって利用したが、パラティーヌ王女によれば、小用を足しながら紳士的に談笑する習慣のある者もいたという。ルイ十四世の側近は、国王のトイレにも入ることができた。ブルゴーニュ公爵夫人は便座に座ったままで女性客を迎えたものだったが、国王の面前で浣腸をさせたこともあるほどなので驚くにはあたらない。だが、もっと際立った例はヴァンドーム公爵だ。公爵は不衛生なことで有名だったが、パルムの密使に対して、便座に座ったまま迎え入れるだけでは足らず、目の前で尻をぬぐい、密使の眉をひそめさせた。外交官はその場を立ち去ったが、若く大胆な司祭アルベローニはそれほど華奢な神経の持ち主ではなかった。無礼な態度が繰り返されると、未来の枢機卿・スペイン首相は、興奮してこう叫んだ。「天使の尻だ！」。このお世辞は年輩の同性愛者ヴァンドーム公爵にはこたえられなかったのだろう、この後アルベローニの出世を後押ししている。

十九世紀の学者によれば、ルイ十四世時代のヴェルサイユには二百七十四個の椅子型便器があったという。こうした文明の利器は王族たちに使われたものだった。うち二百個は、モロッコ革の座面に赤と青のダマスクス織のカバーがかけられており、六十個には取り外しができる蓋がついていた。その他にも気取ったやり方で偽装されたものもあって、たとえば『オランダ旅行』と題した本が積み重ねられているような外観のものもあった。問題は排泄物の処理だった。「椅子型便器係」と称する国王付きの官僚二名が、トイレットペーパーの代わりだったリネン布を国王に渡し、排泄物を捨てることになっていた。国王付きの医師が「母なる自然と我々とをつなぐ最終的な汚物」を調べに来るまで排泄物はとっておいたので、椅子型便器は処理のため運び出されるまでのあいだ、中身の入ったまま四時間近くも放置されることになった。プロテスタントやジャンセニストが、王族の便器の秘密をさぐるため、係を買収していたとのうわさもあった。

ルイ十五世の時代には、国王の私的な居室の中に水洗式のトイレが設置され、ルイ十六世の時代になると、この大理石と陶器のひんやりした感触はアンゴラ猫が喉を鳴らすお気に入りの場所となった。国王が座面に腰を下ろすと、機嫌を損ねた猫は国王に逆襲し、国王は片手にトランクスを持って逃げだし、怒りながら、もう片方の手で係を呼ぶベルを鳴らすことになるのだった。

十八世紀には、衣裳部屋として使う小さな閉鎖空間を建設部から認められる者も出てきた。目録によれば、ソー＝タヴァンヌ家では、この小部屋に「椅子型便器とビデが備えてある。どれもクルミ材で陶製の便器がついており、馬毛が詰められたカバーと、赤いモロッコ革のカバーがある」とされている。「大理石の天板のナイトテーブルもクルミ材」でできていたが、その上には「それぞれ違った陶器でできたおまるが五つ」置かれていた。〈薬剤師の中庭〉側の窓には、モスリンの薄いカーテンがかけられ、ポプリは伯爵夫人の繊細な趣味を表わしていた。

「母なる自然の汚物」を処分する場所はほとんどなかった。城館に住む者とその使用人たちのおまるの中身は、共同場と呼ばれた共同トイレに捨てられたが、二つの便座を備えたこのトイレには男女の区別もなく、使う際に何の慎みもなかった。多くは屋階の、共同廊下の近くに設けられており、少なくとも原理的には、自然の通風によって臭いが飛ぶはずだった。

ところが、ちょっとした失敗があったり浸み出したりすると、床はたいへんな状態になり、悪臭を発する液体が壁の組石や石膏の仕切りや木製の板にまで浸み込んでしまっていた。財務諮問会議の委員が場所の悪い居室を割り当てられたときには、建設部の視察官はこう記している。

「逆側の回廊の中にある共同トイレに隣接する部屋で、仕切り板の裂け目から臭いが漏れ、とても住める状態ではありません」

委員自身もこう抗議している。「この住居は（中略）、部屋と壁とに隣接しており、その窓からもトイレの臭いがもれてくる上に、仕切り板の状態もひどく、とても住むことはできません」

この「忌むべき神聖な場所」は、城館の南端、シュールアンタンダンス館にあった。築年が数年遅い北棟には、当初からもっとよく考えられた公共トイレが計画されていた。公共階段の踊り場ごとに四つの便器があり、石造りの中央井戸に流れ込むしくみだった。だが、下の方の階になると、換気は共同通路に頼るしかなく、このそばに滞在した思想家のヴォルテールは、「ヴェルサイユでもっとも臭い汚れた穴」だと評している。ヴォルテールは扉がないことを訴え、雨樋の方向を調整して雨水が穴を洗うようにすることを求めた。こうした対処方法も十分とはいえなかった。なぜなら、この雨樋もじきにさまざまなごみが詰まって流れなくなってしまったからだった。

「殿方はどこの隅にでも放尿されます……」

建設部の視察官の言葉を信じるなら、もっとも危機的な状況にあったのは王妃の台所だった。

「城館のトイレからの配管はしょっちゅう詰まっております。割れ目がたくさん生じており、そこから流れ出たものが王妃付き食膳部のそこかしこを汚しております。この配管につながっている便座をすぐに使用停止にすることを勧告いたしますとともに、将来的にはこうしたトイレをそのまま廃止にすることがよろしいかと存じます」

この対処によって問題は解決したが、特に不便が増したということもなかった。トイレの数はそもそも、宮廷に出仕している者とその召使いたちを含め、城館の人数に見合ったものとはほど遠かったからだ。数がまったく足りないため、尿意をもよおした者は、廊下や階段や中庭で用を足した。特に王族棟では、一七〇二年、回廊の突きあたりに住んでいたパラティーヌ夫人がこう不満を述べている。

「宮廷には、私がどうにも我慢ならない不潔なものがございます。部屋の前に立っている回廊の警備の者たちが、隅という隅に放尿することです。誰かが用を足している姿を目にせずに部屋から出かけることができません」

こうした様子はその後も変わらなかったようで、一七四五年には回廊のアーチ部に格子を取り付け、そこで用を足せないようにしなくてはならなかった。

もっとひどいこともあった。使用人が溲瓶《しびん》の中身を城館の窓から捨てていたのだ。一七七五年、総督ノアイユ伯爵は、モンテスキュー侯爵、ブルニョン伯爵夫人、ギュイステル王女、リュイヌ枢機卿猊下に対して、もしこうしたことを続けるのなら、居室の窓に格子をはめると通告した。誰もが自分の使用人は無罪だと主張した。ギュイステル王女はさらに、自分もこうした悪弊の被害者で、バルコニーの花が上階から降ってくるもののために枯れてしまうと語った。

ノアイユ伯爵の警告は功を奏した様子だったが、そもそもの原因がなくならなければ慣行もなくならないということも承知していた。ほかに方法がなかったため、伯爵はすでにある設備の状態を良好に保つことで妥協するよりなかった。だがなかなかうまくはいかなかった。一七七三年、ノアイユ伯爵の秘書官は、建設部に対してこう申し立てている。

「ヴェルサイユ宮殿内のトイレを修繕願います。なかにはあまりにひどい状態のため、掃除すらできず、事故の起きる心配があるものもあります……」

伯爵はさらに要請を強調している。

「こうした場所について詳細を申し上げるのはたいへんはばかられますが、宮廷に仕える紳士淑女の方々すべてのため、さらには不快な思いをなさることも多い王族の方々のためでもあります」

数か月後、伯爵は庭にトイレを設置することを提案した。

「王太子の木立の裏に一つ、舞踏室の近くに一つ。一つの穴に十二の便座を設け、掛け金のついた扉を取り付けます。便宜を欠く宮殿を清潔なものとし、かつ庭の新しい植込みが枯れてしまうことを防ぐ唯一の手段かと存じます」

この提案は捨て置かれ、建設部長アンジヴィエはノアイユ伯爵にこう返答している。

「庭に二つのトイレを設置するということは難しいと申し上げなくてはなりません。ほんの少し人が多く集まっただけで、こうした設備がどれほど不潔なものとなるか、この点をあまりお考えになっておられない。ヴェルサイユの庭のように公に開かれた場所でどういったことになるか、ご想像には難くないでしょう。こうしたトイレに清掃の者をおいたとして、おそらく清潔さを保つことはできないかと思われますし、そもそも、隠れ家的な場所は乱雑さを助長するだけではありませんか。城館にあふれる駕籠が悲しむべき一例でございます。清潔さと庭の品位についておっしゃられるなら、散歩道にほど近い場所にこうした設備を置こうとなさるのは、この両方を害することにはならないでしょうか。そして、どれほど注意深くものごとを運んだとしても、本当にさまざまな方がいらっしゃるため、お考えのような設備をつくったからといって、貴殿も私も満足できる結果にはならないと申し上げましょう」

総督ノアイユ伯爵はこれに対して、反論できない議論を吹き掛けた。

「私といたしましては、こうした設備は不可欠かと存じます。用を足そうにもどこに赴けばよいのか、なすすべのない者がどれほど多いか、そのために廊下や閉鎖中の回廊や庭園で、むき出しのまま放尿するということになっているのです」

予算は認められたが、新しいトイレは建設されなかった。つまり、建設部長は、このトイレを利用することになるはずだった者たちに対して、旅行者に対してと同様、あまり丁重には扱わなかったということだ。旅行者は長らく、不潔で数も足りないトイレをありがたくも使わせてもらうために、〈王族の中庭〉で延々と長い列に並ばなくてはならなかったのだ。

必要とされる数はとても多く、問題は解決されないままだったが、一七八〇年、ノアイユ伯爵の息子で後継者のポワ公は、汲み取り槽の前に係の者をおいて、今でいう公衆トイレ清掃係の役目をさせようと考えたが、建設部長の反対にあった。その理由はこうである。

「伯爵が以前私にお知らせくださいましたものによれば（中略）、たった十二ソルしか支払わずに人を各トイレにおくというのは不可能だということでした。おそらくトイレを利用しようとする方々に金銭を要求するようになりましょうし、早晩そのゆとりのない者には嫌がらせをするようにもなりましょう。しかし、必要な手入れと注意を怠らないようにさせるためには、日勤で朝五時から夜の九時までの勤務に一日少なくとも二十ソルは支払わなくてはなりません。二十九の汲み取り槽があることを考えますと、年間かなりの出費となり、これはすでに財政難のところ負担が大きすぎると言わざるを得ません。とは言いましても、新しい方策が見つかるまで、清掃にあたっている者にもっとよく注意を払うよう申しつけることはよいことかと存じます」

つまり、お金の問題が嗅覚に勝ったというわけだった。

火

寒い部屋は火事の危険と隣り合わせ

ポンパドール夫人の私室
© Sanjiro Minamikawa

あまり効かない薪暖炉

城館内居室に関する公式な一覧には、小部屋から王族の居室まであらゆる広さの部屋や中二階が記載されており、暖房に使う暖炉の数が示されていた。主な部屋にはたいてい暖炉が備わっていたが、十八世紀になると、暖房を効かせるためにこれに加えてストーブが使われた。一七八三年の現況表によれば、閣僚棟を含め、千百六十九の暖炉が城館に備わっているとある。そのほとんどは、炭火ではなく薪を燃やすものだった。イギリスでは炭がもっと普及していたが、フランスでは炭は炊事用の炉、特に竈《かまど》に使われた。暖炉用の薪は、官僚の大半に、王領地予算か国庫から無料で支給されていた。王子や王女が成長してそれぞれ専属の一連の官職が設置される年齢になると、その官僚たちが燃料や薪を置く小屋を建てた。当初は、城館に招かれた者には燃料が支給される旨をコルベールが明言していたが、ヴェルサイユが国王の正式な居城となると、そう寛大に構えてもいられなくなった。確証はできないが、宮廷の人々で暖炉の薪を確保できる職務に就いていない者は、おそらくノアイユ伯爵がひいきにしていたペパンという商人のところで薪を求めていたと思われる。

国王付きの燃料置き場には、職務室と調理場のための薪と着火用の柴の束、それに炊事用の炭が置かれていた。調理人は二十人いたが、そのうち五人が四分の一《カルティエ》勤務で、十五人が燃料置き場用の補佐だった。彼らは国王付きの官僚としての特権をもってはいたものの、権威があるわけでもなく、ほとんど宮廷と燃料の供給元との仲立ちにすぎなかった。王室の予算に組み込まれている薪の値段と、市場での実際との差額を山分けにして懐に入れており、もちろん冬場がもっとも割のいい時期だった。一番骨の折れる仕事は大共同棟の地下の置き場まで薪を取りに行くことで、若い者がこれを受け持った。この職務に就く二名の官僚は燃料置き場係の称号を持ち、任務のなかでも名誉だったのは国王の寝室まで薪を運び、朝に火をつけることだった。毎年、道具一式に六〇リーヴル、ブラシや雑巾のために一四四リーヴルを受け取り、一二〇リーヴル相当の制服も得ていた。ルイ十五世はたいてい彼らが姿を現すより早く起きて部屋をあとにしていた。リュイヌ公爵は一七三七年にこう述べている。

「数日前、国王陛下は、寝室でたいへんな寒さの中でお夜食をおとりになったとおっしゃいました。また、こうした寒さのため、係の者が寝室に入る前に目をお覚ましになった際、執務室にお移りにならざるを得なかったこともあるとのことです。畏れながら、執務室の方が暖かでしたらもっとこちらを頻繁にお使いになればよろしいのではないでしょうかと申しあげますと、陛下はこうお答えになりました。『係の者が入ってくる前に目覚めたときは、自分で火をつけるのであるから人を呼ぶ必要がないのだ。執務室に移るなら係を呼ばなくてはならぬ。気の毒なこれらを眠らせてやらねばならんのだ。しょっちゅう急がせておるのだからな』」

この思いやりが、この年、王を悩ませた咳や風邪の原因だったのではなかろうか。いずれにしても、健康のため、夜は内部屋で過ごすようになり、風通しがよく、天井の下に二層の部屋がある国王の寝室は、起床の儀と就寝の儀に使われるのみとなった。こうした習慣が定着すると、侍従長たちは、寝室のそばに倉庫をつくって薪の予備を置いておくことを提案した。そのための場所はそれまで薬剤師が使っていたところだったので、薬剤師はその代わりに調合室に近い、中庭の張り出し小屋を使うことになった。

ヴェルサイユ王領地の予算からは、国家の居室と対象者一覧に載った者に、薪や着火用の柴が配給されていた。一七四七年の一覧には百三十名の名前があったが、官僚たち、さまざまな人物や機関、たとえばマルリー・シャリテ修道女会や大運河《グラン・カナル》のゴンドラ船頭の名まであった。この一覧は、当然のことながら城館の総督の名前を筆頭にして、床磨きの職人で終わっている。量の多寡はあれ、その人数は莫大だった。九八五コルド（一コルドは約四立方メートル）の薪と、七万八四三〇束の柴である。当時、ナラ材一コルドは三七リーヴルで、ブナ材だと三九コルドだった。公開入札のような形によって契約が結ばれ、ノアイユ伯爵にとってうれしいことに一コルド三四リーヴルと千本の柴あたり十リーヴル、総額で約三万六〇〇〇リーヴルとなった。一七五六年の一覧には、一二六六コルドと八万一七五〇本の柴とある。王族棟の中央中庭の大階段（このため〈大階段の中庭〉と呼ばれていた）の下に積まれた薪はおそらく国王付きと王妃付きの台所で使われたのだろう。大居室、希少な個人的な台所を備えた居室については、北棟と王族棟の地下に薪が積まれていた。そのほかの薪の束は屋階の居室に置かれていたが、おそらく毎日狭い階段を通って薪を上まで運んでくる手間を省くためと、だだっ広い屋根裏は清潔とは言えず、その他に使い道がなかったからであろう。

一七五七年には、外務卿がその務めを終え、一時的に北棟に入居していたが、建設部の視察官に対して次のように訴えている。

「薪の予備少々を蓄える置き場をいただきたい。居室にはそのための場所が用意されておらず、毎日外から薪を運んでくることはどうにも不便であるとおわかりになられることでしょう。可能であれば、その代わりとなる地下倉庫か、少なくとも回廊の柱間をご用意くださいますよう願います。そのための命令を出し、厩舎係に冬に備えて準備を整えておくよう言いつけていただきたく存じます」

回廊のアーチ部は常に空けておかなくてはならないという理由でこの要請は拒絶され、倉庫の割当てについては城館の総督に訴えるよう求められた。

クレルモン゠ガルランデ伯爵夫人はもっと幸運だった。一七六四年の十一月に、〈北の花壇〉に面して大きなフランス窓がある居室に入居した夫人は、部長宛てにこう書き送った。「冬の足音が聞こえてまいりまして、薪が入り用でございます」

この請願は建設部長マリニーに認められ、監督官にはこう伝えられた。

「早急にお申し出通りになるよう命じること。そして、時節柄可能な限り迅速に必要な薪入れを調達すること。クレルモン夫人の居室ではどなたよりもそれが入り用でしょう」

薪を十分に備えてあっても、庭に面した王族の居室は暖炉では十分に暖まらなかった。広くて天井の高い部屋は、天井の方へと熱が逃げてしまい、巨大な窓からはすきま風が入ったからだ。若き頃、ハイデルベルクの居城の窓を大きく開けさせた、頑健なパラティーヌ夫人でさえ、ガラス窓で部屋が氷のように冷え切ってしまうと不満を述べている。北棟が完成したとき、建設部長に出された最初の請願は、窓を二重にしてほしいというものだった。

居室の屋階に住居を与えられた者は、基本的には下の階からの熱の恩恵に与《あず》かったが、煙突の煙の害を被った。原因は、ルイ十四世が、庭から見た正面《ファサード》の古典的な調和とシンメトリー（左右対称）にこだわったことにあった。バルコニーの欄干や飾り模様は煙突を隠すほどの高さがなく、煙突の吸い込みを確保するほど大きくもなかったので、煙が風にあおられて居室に舞い戻ってきた。庭に立つと宮殿が火事に見えるといったのはサン＝シモンだけではない。こうして燻《いぶ》される宮廷の人々が煙ゆえの感冒に罹ったとしても驚くにはあたらない。一七八一年、北棟の屋階に住んでいたオニサン侯爵夫人はこうこぼしている。

「私の寝室は、居室の中で唯一板張りになっていない部屋ですが、煙突がたいへんな煙を出すので、家具はあっというまに黒ずんでしまいます。これを防ぐには、毎年白く塗ることができればと思わざるを得ません。そうすれば私の部屋ももっと明るく、これほど物悲しい感じにはならないでしょう」

夫人は回答が得られないまま翌年の勤務に復帰した。

「私の部屋のことでもう四年にわたってお願いを申しあげておりますが、お返事をいただけておりません。どうか、私がどのくらいこれを必要としているか、申し上げることをお許しください。私の部屋は小さいのに、物悲しく煙で黒ずんでいるのでございます」

一七八三年にもまた試みている。

「私の居室を塗り替える命を下していただくお願いを毎年申し上げる理由はまったく変わっておりません。私は煙に打ちのめされております。ここに住むことが悲しく憂鬱でなりません」

ついにペンキの塗り直しが行なわれたが、暖炉は修理されなかった。

オニサン侯爵夫人の隣人だったシャバンヌ伯爵夫人は、暖炉をストーブに変えることを思いついた。「たいへん寒くてなりませんので（中略）、私がストーブを備えつけますのに反対なさらぬよう通知していただけませんでしょうか。（中略）ひどく冷たい風が入ってくる暖炉を塞《ふさ》いでしまうとどんなによいかと思っております」

最悪だったのは、暖炉を伝って雨が入ってくることだった。テッセ伯爵夫人は、北棟の屋階に住んでおり、「暖炉の二つの穴を塞いでいただくことが何より必要でございます。雨が降り続きますと床板が腐り、漆喰が剝がれて、控えの間《ま》が危険な場所となってしまいます」

大共同棟では、どの部屋も煙害に悩まされていた。まず、ドゥ・ビュシー夫人は視察官から好意的な見解を得た。夫人の居室が「まるで調理場のように煙で黒ずんでいる」として修繕の命が出たのだ。オーマル子爵夫人は涙にくれた一人だ。

「私の居室は、昨年の冬は、ひどい煙のためとても住めない状態のときがございました」

カステラーヌ伯爵夫人は、三人称で語ることで品位を保とうとした。「カステラーヌ夫人は煙に燻されて、もはや大共同棟の居室にはとどまることができませんでした」。通気口が設置されて夫人は一息つくことができた。

もっと運が悪かったのは、王妃付きの小間使いを務めていたラ・ボーヌ嬢である。二階（三階）に入居していたが、憐みの情を呼び起こそうと試みた。

「どうぞ閣下、私のお願いを聞きいれていただけないでしょうか。暖炉を修繕していただくことだけが私の部屋についての唯一のお願いでございます。煙がひどく、冬のあいだずっと、私の背中のすぐ後ろの窓を開け放して過ごさなくてはならず、身体にこたえます」

一七六五年、ある発明家が「暖炉の煙が出なくなる」機械を提案した。建設部長マリニーはこの案に興味を示し、部下のレキュイエに二つ試してみるよう命じた。一つは城館で、一つはサン＝ユベールで試用されたが、結果はあまり芳しくなかった。

居室の位置がよければ、暖炉の火がほどよく暖かい、くつろぎの空間で過ごすことができた。サン＝シモン公爵は、二つ所有していた居室のどちらの執務室にも暖炉を持っていた。一つは中二階にあり、フランスの将来の政府についてシュヴルーズ公爵と議論しあったと思われる部屋だ。もう一つは固定式の机があった執務室にあった。この部屋にはのちに控えの部屋ができ、「ブティック」と呼ぶひそかな隠れ家となって、この『回想録』の作者が訪問客を迎えたりする場所となった。

暖炉に火を保つことがまず第一の目標、その次は外観の美しさだ。各部屋の真ん中に位置する暖炉は、部屋の入居者の地位と品位を表わしていた。ごく質素なものでは、暖炉は、単なる薪を覆い隠す、板のようなものにすぎなかった。ショアズル＝ボ＝プレ枢機卿は、あまり豪華とはいえない居室を割り当てられた一人で、「彩色された暖炉と大理石の板」があったが、中二階に通じる階段にあまりに近かったため、燃え残りや火の粉で扉が燃えてしまった。社会的地位があがるにつれて、リエの採石場から切り出された石などでできた切り石の暖炉になった。通常、火災の危険を減少させるため切り石のものを願い出るのだったが、宮廷に仕える者の中で、石そのままの素朴な美に満足する者は少なかった。ヴォルテールは簡潔に「火災の恐れがあるため、切り石の（壁付き暖炉の）炉額」としたためている。ヴォルテールの愛人、シャトレー侯爵夫人は、もう少し装飾を求めた。

「火が燃え移る危険のある木製の炉額のかわりに、大理石風の塗り石の炉額を」

しかし、こうした偽の大理石は、国王の採石場の輝かしい産物を中産階級が模造したものにすぎなかった。

一七八二年、フィッツ゠ジェイムス公爵夫人は、フランドルの大理石で装飾された暖炉を求めたが、切り石で満足しなくてはならなかった。これに懲りることなく、夫人はまた四年後に再度請願を行ない、その決意のほどを示した。シャロン夫人は直球勝負で「装飾がぜひとも必要と思われます私の小さな部屋にとって、大理石の暖炉がどれほど役立ちますことでしょうか」と願い出ている。これに対する返答は、「倉庫にあるものならよろしかろう」というとおりいっぺんのものだった。

新しく彫刻が施された暖炉を備えた部屋を期待できる者はそう多くなかった。ほとんどの暖炉は、建設部の倉庫のものを修繕したものだった。実際、居室が改装される際には、暖炉は大理石倉庫へ運ばれ、必要や要求に応じて次に使われるまでに、修復され保存された。暖炉は社会的地位と強く結びついており、控えめなモルド夫人がオペラ座建設のために居室から追い出された際には、サン゠ジェルマンの新しい住居に大理石のマントルピースを入れる許可を得たことで慰めを得た。隣に住んでいたボヴォー王子の居室はごく簡単に壊された。しかし建設部が倉庫に持ち込んだ、寵愛を受けたこの王子所有の暖炉の一覧は長大だった。

「コンソール付き、カンパン産緑色大理石製で、中央に彫刻が施された四角い暖炉。大きな刳《く》り形が施され、四角いコンソール付きの、カンパン産大理石製の暖炉。耳付きのラングドック産大理石製の暖炉。角型のピラスター装飾のついたカンパン産大理石製の暖炉。（中略）さらに二つの切り石製暖炉。（中略）ジョット風暖炉」。寵愛の程度によって設置が認められる装飾が決まり、その贅沢度合いは使われている石の量と種類の豊富さに左右された。たとえば、国王の愛人に居室を譲るよう求められたダンタン夫人は、国王の図書室にあった暖炉を譲り受けることで納得した。建設部長マリニー侯爵はもっともいいものを自分のために取り置いており、その部屋は「トルコブルーのようだ」と評された。

「後付け煙突」の弊害

十八世紀も中頃になると、ストーブが暖房の問題を部分的に解決するようになった。たいていは金属製で、呼称はさまざまだった。ショワスル子爵夫人は、「小さなプロイセン式ストーブ」を設置したいと申し出た。その数年前、城館担当の監督官レキュイエは建設部長の要望に対してこう答えている。

「ナンシー式ストーブの導入は、火災の危険から、王族方のお付きの方々には許可することができません。（中略）私は、テッセ伯爵夫人二世の小部屋にこのストーブを設置することにも反対せざるを得ません。（中略）その理由は火災の危険からではありません。このたびの暖炉は鉄製で、煙のために使用できない既存の暖炉のところに設置されるもので、ストーブのためにつくった鉄の配管が上層まで続いていることからも、部長におかれましては許可を与えたいとお思いになっていることと存じます。しかし、夫人が誰にでもこうした事柄をお話しになる事態を避けたいと考えます」

レキュイエは、宮廷の者たちは誰か一人が一度許可を得てしまえば、制限や注意を忘れてしまうことをよく知っており、そうした場所にこの暖炉を設置することの危険を承知していたのだ。城館の管理にあたっていたレキュイエの方からは、「煙が出るため使えなくなっている暖炉の代わりに、食堂に設置する陶製のストーブ」を要請し、「新しいストーブは食堂と小部屋の両方を暖められるという利点がある」とした。同様に、ラ・ヴォギュニョン公爵夫人は、建設部長に対して「控えの間《ま》のストーブが二部屋を暖められるようにしてほしい」と要請している。

こうした陶製のストーブは、北欧や東欧で普及していたもので、実用的かつ美しいものだった。ヨーロッパのものに改良を加えたアメリカ人の名にちなみ「フランクリン式」と呼ばれた金属製のストーブは、美しさには欠けていたためか、ヴェルサイユに登場するのは一七七八年になってからであった。この年、ウルティィエ総視察官が手紙の中でこの新顔のストーブに触れている。

「フランクリン式ストーブは、ヴィルキエ公爵のところで昨日実証されました。装飾については少々難がありますが、目的は果たしております。私たちのところで利用しやすいよう調整する手立てはございましょうから、できるだけ早く、調整済みのものをお目にかけたいと存じます」

フランクリン式の人気が絶頂にあった頃は、入手をめぐって争いがおこるほどだった。ウルティィエはこう書いている。「ダルトワ伯爵から次のようなご要望がありました。ヴェルサイユの新しい執務室の暖炉に、フランクリン氏が煙を防ぐために考えた調節器をつけてみてほしいとのことです。（中略）これは、煙突のパイプと通気孔を使って室内の空気を常に一定に保つというもので、調節器と命名されております。空気量が多くなりましたら煙突を開けて少なくするという具合に、好きなように稼働させることができます。この方法には火災の危険もなく、大がかりな石膏工事も必要ありません」

こうしたストーブの不便な点は、煙突につなぐ金属製のパイプだった。長さが短ければほとんど火災の危険はないが、宮廷の人々が建設部のように心を配るはずはなかった。一七六二年、マルサン伯爵夫人は、王子王女の教育係という大事な役目を務めていたが、南棟の広大な王族の回廊にストーブのパイプを通そうとした。視察官は部長に、夫人の申請についてこう伝えている。

「私は、そうしたことは決して許可することができない旨お伝えしました。この階段の装飾が損なわれること、通行人の上に水滴が落ちるとも考えられること、そしてこれが前例となってしまうことが理由です。マルサン夫人からは、王子王女方のためのものであるから前例とはならないこと、問題となっているパイプは冬のあいだしか使わないとのご回答がありました。このため、私は部長様に命令を出していただくようにするとお伝えした次第でございますが、ストーブのパイプを通そうという夫人のご決意は固く、お返事を急いでいらっしゃいます。他に場所がないことを考え合わせますと、部長より、国王陛下にお話しいただけないでしょうか。国王陛下の禁止がございませんと、この問題が幾度でも蒸し返されることとなると存じます」

国王は禁止に同意したが、マルサン夫人は決意の固い人物だった。一七六六年、夫人はほかの視察官をつかまえて要請を繰り返し、この視察官がいらだちを隠さぬ報告を部長に送っている。

「マルサン夫人は、部長の却下に悪意があるとまでおっしゃいました。ジレ氏にお話しになったところによりますと、今年も反対されるならば王太子妃殿下にお話しになるとおっしゃりますが、これは部長にとってたいへんお困りになることかと存じます」

国王は再度建設部の側に立ったが、国王ですら、夫人の粘り強さには太刀打ちできず、結局炭火を使う移動式のストーブが許可されたのだった。

ランバル王女が入浴用にお湯を沸かすため、ストーブ用のパイプを備えた竈《かまど》を設置しようとしたときも、同じような解決策がとられた。建設部は美観の問題と火災の危険を指摘した。

「今のところ可能な方法ではさまざまな不都合がございます。ストーブのパイプを設置するために壁に穴をあけなくてはなりませんが（中略）、この壁は一階のガラス窓から城館の屋根裏まで通っているもので、たいへん迷惑なものと言えます上に、同じような要請が次々と出てくることが予想されます」

王女のお付きの者にうるさく責め立てられて、建設部長は王女のもとに出向き、提案されている計画は「城館の壁に穴をあけ、城館のあらゆる高さの壁を通してストーブのパイプをコーニス（壁・円柱などの上部や軒下に張り出している部分）の上に配置することになるもの」で、「破損と危険を考えますとこうした方策は厳禁」だと記している。この説明にも王女は納得しなかった。王女付きの官僚たちは、炭しか使わないこと、美観を損ねにくい銅製とブリキ製のパイプだけを使うことを提案した。

建設部はそれにも懐疑的だった。「召使いが薪を使い、火災を起こすことが考えられます。こうした支障を避けるために、炭か着火用柴しか入れられないようなしくみになっているのです」

竈は確かに薪を入れるには小さすぎた。それでも、最終的には熱い風呂に入りたいという王女の希望が、城館の安全に対する配慮に勝ったのだった。

宮廷の人々が壁や窓を通そうとした配管は、「後付け煙突」と呼ばれた。たいていは、国王の居城の外観を損ねるという理由で、建設部は設置を却下することができたが、要請に訪れる者は途切れることがなく、たとえば伯爵夫人の誰かが配管を窓に通す許可を得たとすれば、今度は侯爵夫人が同じようにしたいと申し出てくるのだった。城館担当の建築家は、マルサン夫人の粘り強さや、移り気なランバル王女に対する王妃の寵愛に妥協する代わりに利益を得た。市中にあるさまざまな国王所有の建物を担当していた建築家に禁止を順守させるのはもっと難しかった。一七六一年、城外担当の監督官は、大共同棟に五十四個、小厩舎に二十四か二十五個（うち一つは厩舎指揮官、クロワマール二世の居室にあった）の後付け煙突があるとしている。建設部長に宛てた手紙では、「今朝私は、氏の気分を害することなく、クロワマール氏の甥方にあります後付け煙突の撤去通告をしようと小厩舎に赴きました。氏は満足されたようでございました。私も、クロワマール氏が部長の友人であると知りましてたいへんうれしく存じます」

監督官はこうつけ加えることも忘れなかった。「私は、無謀だと言わざるを得ないような工事を見ましてたいへん驚きました。小厩舎が火災の危険にさらされることのないよう改善しようと考えております悪弊の百倍も危険なものでございました。まぐさ置き場と、まぐさ置き場の上にあるクロワマール氏の住居の一部とのあいだの扉を一つ開けますと、二五ピエほどの薪置き場がありますが、構造上の仕切り壁一つで大きなまぐさ置き場と隔てられているだけなのです。この設備は、部長の許可なく六か月から七か月前に建てられたものです(中略)。こうご報告申し上げるのに躊躇はございません」

数年前に火災によって大厩舎の半分が失われたことを考えれば、厩舎指揮官クロワマールのこの配慮のなさは許されざることだった。クロワマールは教訓を学んだように見えたが、一七六八年に建設部が後付け煙突の危険性を理由に改装の要望を受け入れなかった際には、小厩舎の壁につけて建てられていた、ヴェルサイユの小商人たちの掘建て小屋十一軒を解体するよう願い出た。このあいだに、建設部長マリニー侯爵は城館担当と城外担当の監督官にこう書き送っている。

「陛下は、火災の危険を回避するため、この空間にあるあらゆる後付け煙突を撤去するようお命じになりました。対象がたいへんな数にのぼるため、騒ぎにならないように少しずつ、作業を進めるほかありません」

さびついたパイプは、建物外観のシンメトリーをだいなしにするばかりではなかった。配管から出る煙は、壁や装飾のためのコーニスを汚してしまった。建設部長から主席宮廷建築家に宛てた一七七三年の書簡によれば、後付け煙突は「ヴェルサイユのような建物においては許しがたい損害」を与えるものだった。この書簡は、男系王子の守衛だったラ・マルシュ伯爵が「ガラス窓から出て建物の一番上までを這う」パイプを設置し、「こうして設置された配管が当然のごとく引き起こす損害をもたらした」ことを訴えるものだった。

こうした危険はさほど多くはなく、楽に特定できたが、さらに有害だったものは許可を得ていないストーブである。既存の煙突に不正にパイプを連結するもので、煙の排出を妨げていた。工事は簡単だった。平らな石、たとえばスレート板のようなものを暖炉の配管に挿入するのだ。こうすれば、一つの部屋にある暖炉の煙を、錫《すず》製の配管を通してもう一つの部屋の暖房にも使いまわすことができるのだった。城外部では、質素な住居の入居者の多くが、「国王所有の建物での工事は認可され監督された業者に限る」という規則を破ることを了承してくれる煙突業者を探し出していた。なかには、自ら工事をしたり、こっそりと操作させたりする者もあった。視察官によれば、厩舎では問題は構造的で、そもそも建築時にまでさかのぼるものだった。一七五一年の大火災の後、一七五三年の予算では、厩舎火災の危険を回避するために必要なさまざまな工事が記載されている。

「王令に従って、大厩舎だけでなく小厩舎でも、レンガ製の煙突の高さを高くし、まぐさ置き場を隔てるための耐力壁をつくり、古い階段の上の新しい階段によって屋根裏への往来を改善しなくてはならない。業務に支障をもたらしかねないもの、まぐさ置き場を使用していたりそこに通じていたりする住居もすべて、解体撤去するとの命令である」

ところが財源が不足し、一七五六年の予算には暖炉の台座四つを修理するための八〇〇リーヴルが確保されただけだった。一方で不法な配管設置の横行は続いた。小厩舎では、分岐によって塞がれた配管が一七六一年の火災を引き起こした。この災害時に状況の捜査を命じられた視察官プリュイエットは、屋根の検査を行なってこう書いている。

「大中庭側の屋根裏部屋の階では、四輪馬車と御者の監督官の住居の暖炉の配管に新しい工事が施されております。鉛で仕上げる代わりに、過度に傾斜していて、上部にある外から見えない屋根裏のまぐさ置き場の脱穀場の高さで当初の配管に合流しております。これらの配管は、おそらく、上述のまぐさ置き場へつながる小階段をつけるためだけにつくられたものですが、まぐさ置き場には薪や着火用柴や炭その他の可燃物が満載です。原則として、屋根裏や建具の壁を通る配管はすべて、周囲を鉛製の囲いで覆うことになっております。その後、何度か変わりました入居者が、煙を防ぐために、建具の大部分について、上述の煙突の外から見えない下部の囲いの上に分岐をつくりましたが、これが現在腐敗して、もはや維持不能な状態にございます。工事が粗雑なだけでなく、ほとんどすべてに暖炉の配管が差し込まれており、焼けているのです。火がついたのはこのためです。さらに仕事が雑なため石膏の量も十分でなく、危険性が増しています」

この報告書には危険をもたらすものがずらりと並べられている。不法な暖炉、詰まった煙突、可燃物のすぐそばを通る配管、ひびの入った煙突、壊れた煙突囲い……。許可なく後付けされた配管が、城館の上層部に以前から見られた問題点、たとえば屋根の輪郭を美しく見せるために短くしすぎた煙突胴部などを助長したようだ。小厩舎は、入居者による雑な工事によって、いつ火災がおきてもおかしくない状況だった。不法な新しいストーブや暖炉が配管を徐々に狭めていき、煤で簡単に詰まって火がついてしまうのだ。燕麦や干し草がたくさん積んであるまぐさ置き場の近くは、より危険だった。プリユイエットの報告書は、それぞれの工事がいかにして配管を狭め、補給担当士官たちの住居の火災の危険性を増したのかについて説明している。彼らの部屋は配管が一つしかない小部屋の集まりだった。

「小厩舎での一月二日の火災は、住居関連補給担当士官の居室で発生いたしました。一階の車庫の上にある中二階で、この中二階の床の高さにある隣の部屋の暖炉からの配管につながっていた小さな暖炉の配管が原因です。この台所の暖炉は以前、無許可でつくられたものだと思われます。連結部分の配管は直径九から十プース（二七センチメートル）しかございません。それも煤で詰まっており、鉛管を伝って屋根裏まで通じるもともとの配管に火の気を誘発したものです。火のついた管は、まぐさ置き場と住居を隔てる耐力壁と背中合わせになっておりました。厚さ三ピエ（一・〇三メートル）のこの壁は、脱穀場から四ピエ半（一・四五メートル）上にあるまぐさ置き場側から二〇プース（五四センチメートル）後退した形になっております。さらに、この壁の残りの部分には、三つの暖炉の配管があり、一つの管の三分の二の厚みの覆いも含めて十六プース（四三センチメートル）に減ってしまっております。まぐさ置き場側のこの壁の表面にはひびが入っており、右側の管と同じようにもはや単なる薄い壁にすぎません。（解決策は）この壁を、屋根裏との境に至るまで、もとの厚さに戻すこと、そして革製馬具をかける壁となっている部分を、厚さ十五プース（四〇センチメートル）まで減らすことです。これに続いて、同様の状態にあるすべての場所について考えることになりましょう。この住居にこれまで入居した人々が、こっそりとあるいは友人を使って、二階の高さに中二階を拡張したり新たにつくりつけたりして、そこに暖炉を置いておりましたが、こうした迷惑な暖炉のすべてが下の階の暖炉の配管を利用しており、どの階でも薄い隔壁で二分割されてしまっています。こうして分割されると、配管の太さは半分になり、それぞれの細い配管はせいぜい十八プース（四九センチメートル）の太さしかなくなります。なかには、中二階の暖炉の側柱の右にたった十から十二プース（二七から三二センチメートル）の通り道しかないものもあります。煤《すす》掃除ができないことを考えますと、似たような配管が毎日どれほど危険をはらんでいるか、おわかりいただけるかと存じます」

手入れの実情や手はずについては「掃除」の章で詳しく述べる。

火災がおこり深刻な警告が発せられ、視察官プリュイエットの熱意もあったにもかかわらず、問題は未解決のまま放置された。一七六六年、プリュイエットは小厩舎での災害による損害を査定するよう命じられた。

「問題の煙突では、高さ七ピエ（二・二五メートル）の間隔をおいて、暖炉一つとストーブ二つ、合計三つの火元が同じ煙突を使用していました」

このときは、報告書の警鐘が受け入れられ、一七六三年に二九四〇リーヴルの予算が問題の解決のため用意された。翌年、プリュイエットはさらに一二〇〇リーヴルを要求した。

「大小厩舎では、煙突の根元部分は、屋根裏に露出したり、すっかり傷んだ粗雑な石膏製の土台がついていたりしますが、どれも火がつく危険があります」

大厩舎についてのプリュイエットの結論は、煙突をすべてつくり直すことで、屋根の修復の必要性も考えると、予想される予算は二四万七〇〇〇リーヴルにのぼった。計画は何年もかかるもので、翼棟の建て直しに至るまでさまざまなものがつけ加えられ、何ページにもわたって提案がなされた長大なものだった。プリュイエットはその後亡くなったが、厩舎を危険にさらす煙突の存在が建設部の一大関心事であることに変わりはなかった。

プリュイエットは、小厩舎について、煙突掃除すらできないほど狭くなっていたり詰まっていることした煙突に、腐敗防止材がたまって火災を引き起こすと警告を発していたが、上司である部長にさほど評価されていなかった。災害はあちこちで発生した。一七七八年、宮廷司祭の台所で油脂による火災が発生した。かろうじて水はすぐそばにあったが、火の元としては、ここで使用人が頻繁に揚げ物をしたために蓄積した煤と混じった油脂の塊がもっとも疑わしく、煙突そのものにまで油がついていた。さらに、ストーブの配管は、建設部の視察官ジュルダンが「すぐに乾いて硬くなり、ちょっとした火の粉が飛んでも発火してしまうような油分」と評したものが素通りしていた。薪が多すぎたり、もっと最悪なのは少なすぎたりというやり方も危険だった。一七八四年、ルイ十五世の王女の一人、我慢を知らない横柄なアデライードが起こした事故もこうしたものだった。

大火事の恐れ

人の不注意による災害の危険のほかにも、建築物としての構造上の欠陥も問題だった。タルモン公爵夫人は、「ヴェルサイユの小部屋にある暖炉はばらばらになっていて、鉄製のバンドでかろうじて支えられている」と不満を述べている。それでも使用人には十分使えるだろうと考え、夫人は「お付きの者の衣裳部屋にこの暖炉を移し、そこにある暖炉を私の小部屋に移す」よう要請している。暖炉の配管には亀裂が入っていることもあり、造作工事の継ぎ目を通して煙が入ってくるとすぐに臭いでそれがわかった。このためモントバン王女は建設部に「デュラス夫人が小部屋で火を焚くと必ず大量の煙が割れ目から入ってくる」と報告している。

大共同棟では状況はさらに深刻で、注意深い視察官ジュルダンはこう記している。

「私が確認しましたところ、建物のこの場所の何か所かで、壁を通して煙が入って参ります。特に、厩舎部の住居では、古い建具の後ろに置かれた暖炉を通る配管すべてに亀裂が入っており、発火の危険がたいへん高くなっております。おそらく、大共同棟の中で、完成以来ほとんど手入れのなされていないところや、修繕の跡のない古い建具工事の後ろ側では、下の階の暖炉からの配管はきわめて傷んでいることはまちがいなく、火災についてはかなりの確率で発生の恐れがあり、その十分な証左があると考えられます」

ジュルダンが警鐘を鳴らしたのには、はっきりとした動機があった。一六九八年、イギリス王室の居城ホワイトホールが全焼していたのだ。この城はサン＝シモンが「ヨーロッパでもっとも醜い城」と呼ぶほどだったが、大惨事は人々の記憶に新しかった。しかし、ジュルダンが指摘した火災のどれもが同じような規模になっていた可能性があったのだ。確かにほとんどはそれほどの被害を出さずに消し止められたが、なかには何年ものあいだ、焦げ跡をそのまま城館にとどめたものもあった。

一七〇七年には、〈ノアイユ通り〉と呼ばれる北棟の屋階にある三つ続きの居室で火災が起き、すぐに骨組みと屋根に燃え移った。さまざまな護衛の任務についていた兵士たちから修道士たちまで四千人以上が、火を消し止めるためのバケツリレーに加わり、ノアイユ元帥は家具を火の手から救い出すことはできた。目撃者によれば、もう少し風が強ければ、すぐ近くの聖堂にも火が燃え移ったであろうし、そこから城館の中央部にも延焼しただろうということだった。修復には五六リーヴル以上かかった。当初、この火災の原因はわからなかったが、四年後、北棟のもう一方の端が燃えかかり、その理由が判明する。オペラ座の建築前はシャロス一家がこの二階に広い二つ続きの居室を所有していたが、入り口を守っていたスイス兵が居眠りをし、その蠟燭《ろうそく》から燃え移った火があっというまに上階まで広がったのだ。住んでいた者たちは命からがら逃げ出した。リュクサンブール夫人は窓から家具を投げ落とし、クロイ公爵は非常階段に向かうのがやっとだった。この火事でも、兵士たちが火と戦う一団を形成し、庭に面した王族の居室や回廊への延焼を食い止めた。火元の居室が離れたところにあったことと、壁が厚かったことで、翼棟は救われたが、クロイ公爵によれば、これが深夜であったり、風が強かったなら、手のつけようもなく激しく燃えただろうという。クロイ公爵自身も狩りから戻ってきて着替えようとした矢先で、着替え途中の姿で逃げ出した。隣人のラ・モット＝ウダン夫人が走り出たのと同時だった。かねてより犬猿の仲で、夫人の娘の助力での話し合いでも不和が解けなかった二人だったが、この恐ろしい体験を共有したことがきっかけとなり和解した。

もっとおおごとだったのが、一七五一年に大厩舎で発生した火災だった。宮廷では王太子の長男ブルゴーニュ公爵の誕生が祝われ、饗宴後は慣習どおり従者たちがお祭り騒ぎをしていた。リュイヌ公爵と王妃の女官頭を務めていた公爵夫人は、王族棟にあった自室の居室のガラス窓から、突然大厩舎の上に火の手があがるのを認めた。馬丁たちは王家のご世継ぎの誕生を祝っているのかと思ったようだが、二人はすぐに、厩舎が燃えているのだと理解した。宴の信号弾の一つが、サン＝クロード通りにあった屋階の穀物置き場に落ち、まだついていた蠟燭の火が、燃えやすいものを満載した倉庫に燃え移ったのだった。施設の北側半分は燃え落ちたり壊滅的な打撃を受けたが、この火災の結末をきちんと見届けることができたのはようやく翌日になってからだった。フランス衛兵とスイス衛兵、それに住民たちが火災に立ち向かい、兵士が一人が命を落とし、十名以上が負傷した。修復には、さしあたって十万リーヴル、リュイヌ公爵はその費用をこの三倍と見積もった。最終的な数字は明らかではないが、屋根を葺きなおすだけでも鉛に二八万九六四五リーヴルがかかったというところから、その損害の甚大さが推し量られよう。

消防特別隊

十八世紀の終わりごろまでは、宮殿にも町にも火災対策のための特別の人員や資材の用意はなかった。有志が現場に走り、バケツを手から手へとリレーするだけだった。一七四七年になって、シャロスの居室が火事になったときに、初めて消防隊が出動した。ストラスブール市の消防隊長だったゴットフライド・プファーがダンタン公爵に指示を出し、ごく簡単な機械を使って可動式のタンクとホースをポンプにつなぎ、炎にちろちろと水を注いだのだった。バケツリレーの一部はタンクに水を補給し、ホースは水の出る方向を調節した。そのうち、長さ一・六二メートル、奥行きと高さがそれぞれ八六センチメートルのタンクと、直径二〇センチメートルほどのホースが注文された。この機械を移動して可動させるには、少なくとも二十四人の人手が必要だった。請求書は三二〇〇リーヴルだったが、一七三六年にダンタン公爵が亡くなるまで支払われず、ポンプはパリの車大工親方のところに留め置かれた。

宮廷建築家ガブリエルは、意見を求められて名言を残している。「このポンプは状態もよく、たくさんの水を高い場所まで放水することができるのは確かだが、運搬や稼働、それに位置を変えるなど、いざ必要なときに手間がかかりすぎる」

個人的にこれを買おうという者が現れることを期待してポンプは二六〇〇リーヴルに値下げされたが、このおもしろい機械がヴェルサイユに姿を現したのかどうかは不明である。

だが、専門の人員と資材が必要なことは明らかだった。ダンタン公爵の職務を引き継いだル・ノルマン・ドゥ・トゥルヌエムは、一七四五年に、消防隊に住居と駐屯地を与えるよう提案した。視察官モレはこれに対し、「すべてについて国王の命をいただいておりますが、諸々の困難があり調整も必要なためになかなか実施にいたりません」と書いている。大厩舎の火災の後、ガブリエルは有効な防災の要請を再度行ない、修復予算のうち八〇〇〇リーヴルが「革製バケツと（中略）災害に際して必要な用具一式」の購入に当てられた。一七五二年の予算では五六〇〇リーヴルがつき、「銅製のナットのついた革製ホースや同量の予備用ホースといった付属品をすべて備えた揚水ポンプ（四〇〇〇リーヴル）、少なくとも七ダースの革製バケツ（六〇〇リーヴル）、はしご、鉄製十字型継ぎ手、金槌、てこ、さまざまな種類と長さの斧、大鋸、ロープ、タンク、鉄製および木製のシャベルといった器具や道具に、ユリの花の印をつけその上に建設部と記したもの、約一〇〇〇リーヴル」とある。

一七六〇年代末に国王がオペラ座の建設を計画すると、防災の必要性はさらに高まった。一七六二年、建設部長はついに、各一二〇〇リーヴルで複数のポンプを購入することを認めた。その翌年、パリのオペラ座が二時間もたたずに全焼した。幸い、この火災は昼間に起き、建物はほとんど無人の状態だったため犠牲者は一人だけだった。そのすぐ近くにあったパレ・ロワイヤルは辛うじて大惨事を逃れたが、ヴェルサイユでも、オペラ座は北棟の一番はずれ、シャロス公爵の居室がある場所に建設されるべきだと考えざるを得なくなった。常設の消防団が設置されないまま、上演時には守衛が現場に待機することとなった。新しい計画が実施に移されたとき、消防士たちが待機する場所は翼棟の端、劇場の土台とタンクのあいだにある、水道業者が庭に出る際に使う狭い通路の中に用意された。

一七六八年、建設部は大小厩舎に一つずつ、計二つのポンプを購入し、これを施錠した場所に保管し、ヴェルサイユ城外担当の建設部監督官、水道係長、各厩舎の指揮官の監督下に置いた。革製のホースは建設部の倉庫にあり、視察官はその手入れのために四〇〇リーヴルを受け取ったが、彼の死後、その金は二〇〇リーヴルしか使われていないことがわかった。城館担当の監督官は、資材の状態が悪いことを指摘し、デムランという名の靴職人に三〇〇リーヴルで手入れを任せることを提案した。提案は受け入れられ、ルネ・デムランが一七七九年に死去するとその息子のピエールがこの仕事を受け継いだ。

防災用具はポンプが合わせて十本、そのうち八本は倉庫に、二本は聖堂の屋根に隣接した二つのタンクのそばに置かれた。一七七六年にはこれらの資材は古くなり、ホースが口にはまらないときもあって、いざというときに遅れをとる恐れがあった。この資材に完全に依存することはできないのは明らかだったため、バケツの使用が命じられた。城館の前中庭の左手の階段下にあるフランス衛兵の駐屯地に五十のバケツが保管され、右手の階段下のスイス衛兵のところにもさらに五十個が保管された。

このあいだに、総督ノアイユ伯爵はヴェルサイユ市中の火災の消火のためにポンプの手配をしようとした。一七六〇年には四つのポンプを要望したが果たせず、一七六三年に要請を繰り返したが、建設部長マリニーは市中の防災は総督の権限ではないと回答した。

伯爵はこれに反論して、「確かに城館には防災の手はずがありますが、城館での必要にまに合わないこともあり得ることです。市中も国王陛下にとって住民同様に重要性のある場所です」。さらに伯爵は、建設部が市中のポンプの購入費を負担するなら、王領地でそのほかの資材を負担してもよいとつけ加えている。

建設部と王領地のいさかいは伝統的ともいえるものだったが、今回の争いの種はマリニーには無意味と映った。マリニーは秘書にポンプ一本が二五〇リーヴルであることを確認させ、一七五五年にこの価格で城館のために六本が調達されていた。しかしノアイユ伯爵が一七六五年に要請を繰り返すときまで、先の問題は解決されなかった。このときになってマリニーは行動に出る必要を感じた。「この町の安全確保と、貴殿の意にこたえるという二つの目的の方が、建設部の財政状況に優先いたしましょう」と回答したのだ。一か月後、マリニーが町の代官《バイイ》に対し、ポンプがヴェルサイユに到着する旨を指示し、ポンプは鹿園地区の新しい給水所の裏にあった建物の中に、建設部の門衛の監視のもと保管された。

一七八〇年、パリに消防隊が創設されると、ヴェルサイユ建設部水道係長は城館と市街のための消防隊の設置を提案した。

「消防ポンプがあるというだけでは十分ではありません。十分な人手が確保されていること、それもポンプの扱いに慣れている者です。定期的な訓練を受け、日夜いつでも行動できるような状態の一団がいることがもっと大切なことです」

こうした専門的な一団の利点は、火災が起きていないあいだ、配管やホースの手入れや修繕を行ない、「ただ無為に門番をするだけの者に支払いを」しなくてすむということにあった。しかし各二十五名からなる三班編成というこの計画は聞き入れられず、水道係長は新しい革製のホースだけで我慢しなくてはならなかった。古いものは三度の火災と、それ以外の使用――城館の屋根にあるタンクへの給水、そして夏場に涼を取るために王族の窓にかけてある布に水をかけるという用途――で傷んでしまっていたからだ。

一七八二年になっても、ヴェルサイユにはまだ専業の消防隊がなく、大規模な催事の際にはパリに援軍を頼んでいた。一月には、十二名を伴った団長が、近衛兵による舞踏会の警戒に訪れた。五月のオペラの上演二回にも同じく消防隊が借り出され、六月の舞踏会でも同様だった。パリからヴェルサイユまでの移動には二日かかり、その人件費に三九二リーヴル、それから「消防ポンプ二本をヴェルサイユに持ってきてパリまで持ち帰るため」の費用として三六リーヴルがかかった。

一七八五年、ついにヴェルサイユ独自の防災部隊が公式に設置された。パリの消防隊から一部を切り離し、ヴェルサイユ常駐としたのだ。その設備を整えるために三万リーヴルが用意され、人員の給料として年に一万リーヴルが予算に組み込まれた。ヴェルサイユに駐在する消防隊は、パリ消防隊長モラが任務を追加する勅許を得て、指揮することになった。

照明

窓と鏡と蠟燭《ろうそく》だのみの薄暗い部屋

「鏡の回廊」にある燭台
© Sanjiro Minamikawa

燭台や蠟燭《ろうそく》の灯りのもとで

光の世紀（siécle des Lumieres　啓蒙の世紀）という表現は、知的な側面だけを指すものではなかった。どんな流派の哲学者たちも、貴族も、市井の人々も等しく、一日の大半を薄暗い中で過ごしていた。狭い通りに建物が林立しているので、下の階は光を奪われ、田舎に行けば月の出ない夜というのはまさに暗闇と同義だった。公設の明かりはめったにない上に適切とは言いがたく、人工的な光は蠟燭か松明《たいまつ》、よくてオイルランプだった。ランプは高価なのでちまちまと使うものだった。

祝祭や舞踏会でのきらびやかな光の演出を除けば、王族や宮廷の人々暮らしさえ、蠟燭商人の店舗と変わらぬ明るさだった。国王はこれらの蠟燭職人を通じて、綿密に計算された量の照明資材を官僚たちに与えていた。

食膳部に照明資材を供給し、王妃、王太子、王子王女に仕える官僚たち、宮廷の高官たちに対しても同様のサービスを提供していたのは果物係である。典礼のための小枝や果物の手配も行なっており、これが主な業務とはとうてい言えなかったものの、果物係という名はここからきていた。この官職は金で取引され、通年勤務の常勤の長が一名、四分の一《カルティエ》勤務の長と助手が各十二名、それぞれ六か月勤務する出納係が二名、それにこうした官僚たちが給金を払う使用人たちが大勢いた。この長と助手たちは、国庫または一般予算の年次予算に基づいて、定められた価格で決まった量の照明資材を供給することになっていた。十八世紀になると、インフレーションのため、この予算に記載された一定の価格と市場価格との差額は広がる一方だった。したがって供給にあたる官僚たちは売れば損をすることになるので、その代わりにさまざまな特別手当や補償金を受け取った。一七七〇年の調査は、皮肉交じりにこう伝えている。

「価格は(一七一五年から)変わっていない。現在でも同額である。職務上も、また国王陛下にとっても、供給にあたる係にあらゆる生活物資の値上がりに呼応した補償を与えることが不可欠だとしても、価格自体を変えないことが利益というわけである。この価格を、係たちを手間から解放するような額に固定すると、係たちは心配する必要もなければ何か期待することもなくなる。その結果、よりよい待遇を受けようとしてサービスの改善に努める代わりに、いい加減になって質が低下するだろう」

一方で果物係の官僚たちは、予算に記載されていない特別の製品を売ってかなりの利益を得ることができた。この利益は仲間うちで折半していたようで、長が助手よりも少し多く分け前があった。予算はほとんど見せかけで二重帳簿だった。ルイ十五世の時代には、初期の古く固定的な予算が、増え続ける特別支出を賄っていたからである。

蠟燭には二種類あった。「白蠟燭」は食卓や室内用で、「黄蠟燭」は質の劣る蠟でできていた。黄蠟燭は、牛脂や羊脂の燭台のような臭いや煙は出さなかったが、白蠟燭よりも早く燃え尽き、溶け崩れも多かった。蠟燭一リーヴル〔一リーヴルは五〇〇グラム〕は一七〇五年に二二ソルだった。一七七〇年代には、果物係から調達される蠟の予算は、夏には一日九四リーヴル九ソル、冬には九七リーヴル九ソルだった。この数字には国王の食卓や王族の居室の主だった部屋のための白蠟燭や、高官や位の高い賓客のための二つの食卓が含まれ、これらは一日たった一・五リーヴルだった。五つの補助食卓、たとえば侍従や司祭の食卓には黄蠟燭が灯された。燭台は国王付きの職務室や台所、近衛兵、スイス人親衛隊、フランス衛兵やスイス衛兵の駐屯地の照明としても使われた。

決まった量を予算に組み入れるというのは、国王付きが提供するあらゆるものについて行なわれていた。たとえば、菓子係の職人が提供するデザート、調理係が提供する野菜料理や副菜から、青物係が提供する酢や玉ねぎに至るまでだ。果物係の蠟燭は、王族に仕える多くの人々にとって、貨幣のような役割を果たすようになった。蠟燭は王族からの施しの一部として組み込まれていたのだ。たとえば、クリスマスイヴには、宮廷司祭は蠟燭四リーヴルを受け取った。王族の聖堂付きの司祭や聖職者たちも同様だった。国王付きの監督官長たちは蠟燭八リーヴル、その上司である総監督官は重さは不明だが大蠟燭を三本受け取る権利があった。こうした蠟燭は使うためというよりは儀式に付随する儀礼的なもので、おそらく現品ではなく同等の金品を受け取ったのだと思われる。

寝室部の官僚たちである侍従、守衛、使用人たち、そして王妃付きで同様の職務にあたっている者たちは、蠟燭や金品を受け取る権利はなかったが、ほとんど使っていない蠟燭や未使用のものを果物係に返品して、その分の返金を受ける権利があった。官僚たちにとってこうした返金は収入の一部で、一七七〇年代の取次商の報告によれば、もともとは王族の厚意に基づくものだったこの慣行は、貪欲に手放したがらない特権の一つに変化していた。この報告では、決められた照明資材の量は予算の中で最小限に抑えられていたが、その理由は「寝室部の官僚たちにとってこれが給与の一部だったことを考えると、陛下がおられず役得が得られないこともあった。陛下がお持ちのさまざまな居室に必要な量を計上すれば、返品の量もずっと多く多額になるため、それぞれの場所で、得られるはずの収入について不満が募りやすくなるだろう」

要するに、国王が留守のため利用されなかった大量の蠟燭による「収入」を制限していたため、国王がヴェルサイユにいるときの特別支出が増加していたというわけである。

国王に仕える人々が蠟燭から得ていた収入の額は、財政危機によって改革を余儀なくされた一七八〇年代末まではっきりとわかっていない。寝室部の六名の従者については、記録によれば、「ヴェルサイユでもフォンテーヌブローでも、国王の寝室で利用された蠟燭の残り分を持ち帰る権利があって」、その補償額が各々年に一〇〇〇リーヴルと推測されており、「記録簿の通知によって、こうした蠟製品の年額が要求額と見合うことが証明される」ことになっていた。

この記録ではさらに、寝室部の守衛たちは、二リーヴルの蠟燭のための手当を要請しており、これは果物係の予算に組み込まれていた。王女エリザベートの食卓用に四本の蠟燭、合わせて三二四〇リーヴルが与えられるはずだとしている。国王の控えの間《ま》の守衛たちの方も、与えられるはずの蠟燭の端切れについて詳細に記載している。「年に八か月のヴェルサイユ滞在中の控えの間《ま》のシャンデリアの蠟受けについて十二、残る冬のあいだについて十二と半分、コンピエーニュの控えの間《ま》のシャンデリアについて十六、フォンテーヌブローの控えの間《ま》の四つのシャンデリアについて三十六と三分の四」、続けてトリアノン、マルリー、ラ・ミュエットについても同様で、さらにはアルトワ伯爵の別荘だったブルノイまで含まれている。蠟燭や燭台はどれも、最後の蠟一滴に至るまで計算に入れられた。控えの間《ま》の古くからの守衛二人はそれぞれ一四〇〇リーヴルから一五〇〇リーヴル、三人目は官職が設けられたのが遅かったことを理由に一一〇〇リーヴルを要求している。

権利の主張をすることには熱心だったが、寝室部の官僚たちのチームワークがよいとはいえなかった。一七三六年、国王がコンピエーニュに滞在中、王妃の居室で演奏会が開かれた。寝室部侍従頭が、守衛たちに広間の入り口に立つよう命じたが、この仕事のために守衛たちは未使用の蠟燭を要求した。寝室部の従者はこの主張に反対し、蠟燭の残り分はヴェルサイユに戻るまでのあいだ、係争物として寄託された。最終的には従者の主張が通ったが、解決には国王直々の介入が必要だった。

マリー゠アントワネットは自分に関係する財政改革をできる限り長く先送りしたが、彼女の個人的な使用人たちも国王付きの使用人にもまして貪欲だった。アントワネットの居室の照明予算は冬が一日あたり二〇〇リーヴル、夏が一日あたり一五〇リーヴルだった。年額では支出は二〇万リーヴルを超え、その大部分は使用済み蠟燭の「役得」の形で、王妃付きの二名の女官頭が懐に入れていた。改革ではこの総額を半分にすることが求められたが、女官たちはねばり強く戦い、自分の収入からほかの女官や小間使いや控えの間《ま》の守衛に支払いをするのだから、これまでどおり年に二万八〇〇〇リーヴルほどになるよう主張した。

官僚たちもそれぞれ自分の権利を主張した。控えの間《ま》や寝室や執務室の守衛たちは、王妃が部屋で食事を取り、その入り口の門番をした場合には蠟燭をもらう権利があると言い張った。長らく根回しがされたのち、女官頭と大臣は二万六〇〇〇リーヴルで合意した。これは女官頭にとって納得のいく合意だった。なぜなら、これまで女官頭が小間使いや守衛に対して負担していた額は、これとは別に年金という形で彼らに与えられるようになったからだ。結局改革で削減できたのは三万リーヴルちょっとで、これは大臣が望んでいた額の三分の一にすぎなかった。

二万四千本の蠟燭が煌《きら》めく舞踏会

居室の照明予算が果物係によって意図的に最小限に抑えられていたとすれば、寝室部首席貴族の担当だった舞踏会や芝居の照明は豪華絢爛だった。果物係が燭台を提供し、寝室部の銀製品・娯楽会計係が支払いをした。カンテラの火が消えると、「蠟燭権」が厳密に適用された。芝居の際には、家具保管係が、最終幕のあとで蠟の残りを集め、五つに分配した。四つは劇場の入り口に配置された兵士たちに配られた。伍長や伍長勤務上等兵、下級兵士たちがそれを分け合い、その残りの一つは手間賃として家具保管係が取った。

一七三九年に開かれた大舞踏会で使われた蠟燭は二万四千本以上あった。天井から下がったシャンデリアや複数の枝のついた大燭台には、ボヘミアアン・カットのクリスタル細工の飾りがついていた。ヴェルサイユで大々的にこうした照明が使われるようになったのは十八世紀のなかばになってからだ。一七三九年のルイ十五世の王女とスペイン皇太子との結婚式まで、シャンデリアの大半はその場限りで貸し出されるものだった。したがって、新しい世代の結婚第一号を祝うために、娯楽部はリボンで飾った照明器具の購入に四〇万リーヴルを費やした。八つのシャンデリアが三列になって、王女のために回廊を照らしたのだ。大燭台は装飾としてもちろんまだ使われていたが、蠟燭はさまざまな機関から提供された。祝祭ではなくいわゆる「アパルトマン」と呼ばれる集まり（六八頁参照）の場合には、王領地の予算から照明が提供された。王太子の二度目の結婚の際には、昼食会に先立って開かれた「アパルトマン」のために王領地予算で蠟燭が提供され、その溶け残りは取り除かれて、娯楽部が舞踏会用に新しい蠟燭を立てた。

一七〇八年、舞踏会での巨大なピラミッド式のシャンデリアの設置は廃止された。「屋根に覆われたようになる明かりの煙で回廊の絵画が傷む」からだった。

一七五一年、王太子の第一子の誕生祝いでは、アルジョンソン侯爵はこう記している。「この祝典のためにあらゆる準備が進められた。ヴェルサイユ中の回廊がこれでもかというほど飾り立てられ、大燭台と花輪があまりに多いので一部を取り除かなくてはならなくなった。蠟燭が八千本。ルブランの美しい絵ももうすぐ完成だ」

この照明はあまり成功しなかった。「光があまりに高いところから来るので、婦人方は歳をとって見えた。シャンデリアがあまりに上の方で輝いていて、目の下にくまができたように見えるのだ」

枢機卿による「蠟燭の節約」

国王付きの「角灯係《ファロアティエ》」は廊下や公共の場、調理場や職場の照明を担当していた。官職を購入し、小間使いを助手とする官僚二名が、大共同棟の六つの角灯または大きなランタンのために分厚い蠟燭を提供していた。こうした灯りはさして明るくなかったので、廊下や回廊は薄暗いままだった。サン＝シモンはフルリー枢機卿が灯りを倹約するので危険だとして、こう述べている。

「枢機卿は研究機関や学院の運営はもちろんのこと、言葉は悪いが、蠟燭の端切れの運用にも長けていらっしゃる。国王陛下が枢機卿の執務室のためにお与えになる蠟燭を文字通り最後まで使い切り、不運な使用人は大共同棟の階段の途中で蠟燭が消えてしまったのです」

　枢機卿はマントノン夫人の弟（兄）と合意して、一日に一リーヴルの蠟燭しか点けない、つまり控えの間《ま》、厩舎、調理場にそれぞれ一つずつの明かりしか灯さなかったといわれている。こうした吝《りん》嗇《しょく》な者は数少なく、宮廷に仕える者の大半は、夜に移動する際には松明を使った。ごく普通の者は松明を掲げる小姓を伴う権利があり、公爵は二名を、王子王女や国王の兄弟は四名を伴った。国王の庶子だったヴァンドーム公爵はこの権利を主張できたはずだが、サン＝シモンは公爵に回廊で出会ったとき「松明もなく、小姓も伴っていらっしゃらなかった。（中略）私の方の灯りのほの暗い光でようやく顔を見分けた」と述べている。サン＝シモンは自分自身の公爵の特権に執着し、権利を持っている二つの松明と寄り添うようにして居室に戻った。実は、ヴァンドーム公爵が闇を好むには理由があった。不興を買ってはいたものの、いかがわしいアルベローニを夜遊びに伴っていたのだ。こうした夜間の外出は、徳の高い宮廷の者にとっても危険が伴った。一七〇八年、ロルジュ公爵は、ロッシュフーコー公爵の居室を松明なしで辞去し、階段から落ちて足を怪我した。ウディクール侯爵は、公衆トイレに向かうとき、薄暗い階段から落ち、頭をひどく打ったために命を落とした。この事件に涙した者はほとんどなく、リュイヌ公爵はこの事実を報告する際、「侯爵は酒飲みだった」とやや性急なほどに決めつけている。

フルリー枢機卿の死後は、もう少し明るい照明が待ち望まれ、総督ノアイユ伯爵は一七四三年にこの件について述べている。

「国王陛下は、ヴェルサイユで陛下のために働く者に提供される蠟燭についてご不満だったため、成形された蠟燭と同じぐらい高い価格で、白蠟燭や黄蠟燭の塊を納入させることが提案されました」

この塊を溶かして蠟燭にするため、三十年以上にわたって王領地出入りの蠟職人だったル・コントという者に四〇〇〇リーヴルが支払われた。さらにこうした出費を節約するため、ノアイユ伯爵はこの方式を廃止し、職人に年金を与え、蠟の塊に払っていた額で成形された蠟燭を提供する業者を使うことを提案したのだった。

一七四七年、ノアイユ伯爵は、城館のための新しいランタン四十個について三年間の契約をした。業者は、夜になるとランタンを点け、朝四時に消す。手入れや交換も引き受けて、ランタン一つあたり一日三ソル、年額で二二〇〇リーヴルを手にした。伯爵は慎重を期してこうつけ加えている。「目新しいものに満足いかなかった場合に備えて、古いものも保管しておくことにいたしましょう」

公共の場や国の居室の照明のほかに、王領地予算では、官僚、市の機関、小教区の教会や王族の聖堂のミサの侍者にまで灯りを供給していた。一七四七年の供給者リストでは、人数が百三十名、蠟燭のための蠟が三八三六リーヴル、燭台用が二万一八〇五リーヴルだった。ここでも、配分の主たる基準は位階だった。ピラミッドの頂点にいる総督ノアイユ伯爵は蠟燭二〇〇〇リーヴル、燭台用三〇〇〇リーヴルを受け取る一方、庭の門番をするスイス衛兵は燭台用十二リーヴルの権利しかなかった。価格は白蠟燭一リーヴルにつき五〇ソル、黄蠟燭はもっと安く、燭台用は十ソルだった。トゥルドンという者とその息子が、白蠟燭と黄蠟燭について一リーヴルあたり五〇ソルで契約を結んだが、翌年には四ソルの値上げを要求した。ロブラストという者は燭台用について一リーヴルあたり十ソルで契約したが、こちらも最初の年の終わりに一リーヴルあたり一・五ソルの値上げを要求している。こうした記録をもとにすれば、通常の支出額は白と黄の蠟燭について九五九〇リーヴル、燭台用について一万九〇〇リーヴルと計算することができる。予算外の照明資材、たとえば大居室に王領地予算が提供するものなどは、特別支出として処理された。

一七五〇年、契約を更新する時期が来ると、ノアイユ伯爵はロブラストを推してこう述べている。「蠟燭供給は順調である。定期的な支払いができないことがあるが、それを求めずに提供をしてくれる唯一の業者である」

伯爵によれば、ロブラストは最初の契約では赤字だった。彼が燭台用について十ソル六ドゥニエを承諾したにもかかわらず、ノアイユ伯爵はこの額を十一ソルに上げることを勧め、この額がそれでもまだ有利であるとした。たとえば、わずか十四オンスの蠟燭について、王太子の出入り商人では十二ソル、国王付きの食膳部では十三ソルだが、ロブラストはこの額で十六オンスを納入するというわけだ。三年契約が結ばれ、一七五三年には、ロブラスト側から、アイルランドから獣脂を輸入したため赤字となったという異議があったが、修正なしで更新された。

トゥルドンの方は、一七四九年に城館での床磨きの官職と引き換えに蠟燭の取引から退き、代わりにデランドという者が一七五一年、白蠟燭一リーヴルあたり五〇ソル、黄蠟燭では四二ソルで三年契約を提案した。さらに、返品される蠟燭の端切れについて一リーヴルあたり四二ソルを内金とすることも受け入れた。

総督ノアイユ伯爵は国王にこう書いている。「私、ノアイユ伯爵といたしましては、蠟の価格が下がることもございますので、一年契約にとどめておくことが陛下のご利益になるかと存じます」高貴な行政官ノアイユはビジネス感覚も持ち合わせていた。一七五三年には、デランドは白蠟燭について四八ソル、黄蠟燭について四〇ソルに値下げを余儀なくされた。一方、ノアイユ伯爵がパリでの価格はこれほど安くはないと判断したので、デランドはさらに三年の契約を勝ち取った。

今日入手できる書簡からは、居室の照明のしかたはあまりはっきりしない。居室の灯りとして手当や現物での支給が十分だったとは決して言えず、おそらくヴェルサイユでは誰もが自費で負担していたと思われる。さらに、蠟燭を立てる調度類も必要だった。ソー＝タヴァンヌ夫人のところでは、二つのアームのついた赤銅製のカンテラのもとで招待客と食事をとった。十二リーヴルと推定されることの固定式の照明は、まったく実用的なものだったので、食卓の銀器と調和のとれた枝付き燭台やシャンデリアを加える必要があった。こうした銀器の輝きと社交の華やかさは、照明にはあてはまらなかった。応接間には銅製のシャンデリアが二つあり、エナメルが施された銅製のアームが二つと蠟受けがついており、全部で八〇リーヴルと推定される。銀メッキが施された銅製のアームのついた四つのシャンデリアと、彩色された木製の上向きアームが二つついた、銀メッキの施された銅製の手燭の値段も同様だった。こうしたメッキはもちが悪く、ある財産目録によれば、シャルトル司教の執務室のシャンデリアは「その昔に銀メッキされた」四本のアームがついているとされている。

ソー＝タヴァンヌ夫人のサロンの中でもっとも値の張る、そしてまちがいなくもっとも装飾的といえる飾りは、夫人の住居の財産目録によれば、「トルコ風のサックス産の陶器で、両側には磨かれた銅製の燭台が二つついており、燭台の底部はタフタやサックス陶器の花で飾られている。ほかには磨かれた銅製の手燭が二つあり、中国陶器と陶製の花で飾られている」

夫人は陶器に目がなく、住居のあちこちに陶器が置かれていて、目録にある最後の一品は一一〇リーヴルと推定されている。夫人の社交生活は華やかだったといえるが、中二階を設けたことで天井が低くなった部屋ではクリスタルの輝きを十分に享受することはできなかった。このほかの部屋については、財産目録を作成した公証人によれば、固定された照明はほとんどなく、夫人のこぎれいな部屋には「磨かれた銅製のアームが一本ついたマントルピースのアームが二本、アーム付きのシャンデリアが二つ、それに小さな寝室用の手燭が一つ」しかなく、全部で二四リーヴルの価値しかなかった。伯爵夫人の寝室にあった磨き銅製のアームのついた二つのシャンデリアの価値は十二リーヴルと推定されている。要するに、華やかな部屋は十分に明るく照らされたが、私的な部屋は薄暗く、通りと中庭に面したガラス窓から入ってくる弱い陽の光に頼っていたというわけだった。

光を反射するためのガラス

一番普及していた照明器具は「ブジョワール（小型の燭台）」で、これは普通、いくつかのアームのついた燭台を指す言葉だった。ピラミッド型の燭台の方は「ジランドル」と呼ばれた。ジランドルには通常三本から六本、ときにはそれ以上の蠟燭が立ち、支柱状の燭台置きに設置することもできた。〈鏡の回廊〉には、どっしりとした、入念に彫刻の施された銀製の燭台置きがずらりと並んでいたが、残念ながらこの移動できる銀製品は造幣局へと送られ、融かしてルイ十四世の戦費の支払いに使われてしまった。食卓の上に置くためのジランドルは、私的な部屋でもよく利用された。ジランドルという言葉は、種々の燭台を指す言葉としても使われ、なかでも特に壁に固定された、三つの光源があるものを指すことがあった。

時代が下ると、燭台の「アーム」が話題になった。ランバル王女は、この便利かつ装飾にもなる器具を建設部から手に入れるべきだと考えたが、ウルティエ視察官は建設部長宛てにこう書いている。「ランバル王女から、数度にわたり、コンソールテーブルとマントルピースの上に置く脚付き燭台のご要望がありました。私といたしましては（中略）、建設部ではこのような家具の提供は行なっていないと回答いたしました。王女は『家具の業者は建設部と関係がある、なぜなら王族に家具を納めるのは建設部だからだ、国王陛下の官僚の中には居室の中の家具が建設部から得たものだと証言する者もいる』と、家具保管係の官僚からお聞きになったようです。これは確かに本当であります」

マリー＝アントワネットと仲の良かった王女が勝ち、「大理石の天板のついた金メッキのコンソールテーブル、二つの脚付き燭台二組、縦五十五プース（一・五メートル）、横四十八プース（一・三メートル）の彩色鏡」を手に入れた。王女の要望を見ると、こうした道具は通常、暖炉の上にかけられた鏡の飾りとなっていたことがわかる。蠟燭の炎を銅や銀の磨かれた表面、さらにより望ましくは鏡の表面に反射させることで、照明効果をあげていたのだ。

この分野の専門家によれば、暖炉の上に設置された最初の大型の鏡は、一六八四年国王の寝室に置かれたものだった。一六九七年、美術愛好家のスウェーデン人テッサンがこの方法を推奨している。「暖炉には、上から下まで（中略）鏡を置くとよいのです。これからの趣味だと思いますし、さらには二本か四本の蠟燭と一緒ならば、居室は光の反射で鏡なしの十二本よりもより明るく、活気のある感じになりましょう」

二年後、王位継承者と目されるブルゴーニュ公爵の新しい居室では、鏡がそこかしこに置かれた。「陛下は、暖炉の向かい側には飾り鏡を、部屋の二つのガラス窓のあいだには暖炉の上と同様の一枚ガラスの飾り鏡を一つ設置することを了承されました」

鏡はヴェネチアで大規模に製造されヴェルサイユに輸入されていたが、コルベールは一六六五年、パリに王立の鏡製造所を設立することを決めた。大きなサイズの鏡を製造する新しい技術を開発するためである。最初の試作が国王に提示されたのは一六九一年だった。国家の支援のもと、ガラスと鏡の製造所がピカルディー地方のサン＝ゴバンに建てられた。ヴェルサイユ向けの鏡のほとんどはここで生産されており、建設部長は毎週のように注文の手紙をしたためていた。生産には時間と熟達した腕が必要で、完璧な表面仕上げが求められた（輸送の途中で割れてしまうものも多かった）。鏡のサイズが大きくなればなるほど、価格も上がった。最初の頃は、ガラス製の小さな飾りがはめこまれた彫りのある枠付きの鏡で小部屋を飾るというのが、贅沢であり自慢でもあった。かなり裕福な者でなければこの新しいスタイルを導入することはできなかったのだ。ヴェルサイユでは、ルイ十四世の庶子であるコンティ王女がすばらしい鏡の小部屋を持っていたし、その異母兄の王太子は自室でこれを真似た。鏡の表面積を大きくしたいときには、同じ枠の中に二つか三つの小さな鏡を並べて入れていた。ヴェルサイユで居室を手に入れた者はすぐに、修繕や改装や鏡を要望した。宮廷の中には、主張をうまく通すすべを心得ていた者もいた。

建設部の主席秘書官は一七八九年にウルティエに宛ててこう書いている。「また、パリ大司教の件を報告しなくてはなりません。鏡に関しまして大司教のご執心はかなりのものです。再三のご要望に耐えきれず、ご希望のものはほとんどすべて合意することになってしまいました。論理というものは通じません」。そして、慎重にこうつけ加えている。「今日のフランスでもっとも高貴な聖職者のお一人ではありますが……」

宮廷では、暖炉の上部に鏡が設置されると、次には窓と窓のあいだの開口部、トリュモー〔暖炉の上の羽目〕を飾る鏡、さらにあわよくば暖炉の向かい側にも鏡をつけて、光をもっと反射させようとした。一七六二年、ローラゲ公爵夫人は、「新しい居室の寝室の暖炉の向かい側の飾り鏡」を要望した。建設部長は時機を選び、この要望を国王に取り次いだ。

「ローラゲ公爵夫人は、ヴェルサイユ宮殿内のご自分の居室の装飾についてかなりご負担をなさっております。このたびは陛下に、三枚ガラスの飾り鏡をとのつつましいご要望です」

数年後、ナルボンヌ伯爵夫人は、大々的な装飾計画の一つとして、同じ要望を出した。建設部長マリニー侯爵は国王の許可を得たが、その指示の中で、鏡は倉庫から調達するよう確認している。

「国王陛下は六六二二リーヴルの出費に同意なさいましたが、これはお察しの通り、ナルボンヌ公爵夫人のご要望による修繕と改装の費用です。陛下は同じく、暖炉の上部二か所のガラスと、その正面の二か所の飾り鏡にもご同意くださいました。これに利用できると考えられるものを倉庫から探して、その状態をお知らせください」

鏡熱は高まる一方で、宮廷での要求もとどまることがなかった。ふだんはできる限り柔軟な対応をする建設部長マリニーだったが、一七五八年、財政危機のただなかに受け取った要望は常軌を逸したもので、マリニーでも同意の余地なしと思えるものだった。マリニーは部下にこう述べている。

「デュラス公爵から新しい住居のために十一枚の鏡をご要望を受けました。建設部の財務官への国庫からの入金は二か月間止まったまま、もはや会計には五六万リーヴルしかなく、デュラス公爵のご要望にこたえることはできかねます。今の時点で私にできますことは、そのうち、応接用の小部屋の暖炉の上と寝室の暖炉の上の分を約束することだけです」

デュラス公爵は、威信ある寝室部首席貴族の地位を得たばかりで、その役職によって新しい住居を手に入れ、こうした野心的な要望を出してきたのだ。これよりももっと建設部を驚かせたのは、ルイ十四世の庶子の息子、内縁による男系王子だったパンティエーヴル公爵だ。公爵は高慢なところがなく穏やかな性格だとの評判だったが、一七六六年に新しい居室を手に入れると、大がかりな改装を希望し、その中に鏡も含まれていた。建設部長マリニー侯爵は視察官に向けてこう書いている。

「パンティエーヴル公爵の応接用小部屋のための四つの飾り鏡というご要望について、倉庫に眠っている無色ガラス四枚の確保という提案を受けておりますが（中略）、私には鏡が多すぎるように思われます。国王陛下のお部屋にもこれほど鏡を置くことはありません。とは申しても、パンティエーヴル公爵のご要望を拒否することもできませんから、件《くだん》の四枚の鏡をお回しして、リストにありました四つの鏡用の枠板を業者に注文いたしましょう」

常ならぬ、また費用がばかにならないこの要望が出されたわけは、パンティエーヴル公爵が放蕩息子夫妻とともに居室を分けあうことを承諾したためで、実際には要望を出したのは息子の妻、口うるさいランバル王女だったのだ。結局のところ、建設部が要望を却下しても、王国内でもっとも裕福な一人だったパンティエーヴル公爵にとっては、鏡の購入もさして難しい話ではなかったのだ。

一七五四年、フランスがイギリスと戦争状態にあって国庫がまたもや空っぽになったとき、鏡は贅沢品となり、建設部長マリニー侯爵はグラモン伯爵の要望を拒否しなくてはならないほどだった。

「こうお伝えするのはたいへんに心苦しいのですが（中略）、国王陛下より、どなたに対しても鏡をお渡しすることはできないとの厳命がございまして、私としましてはどうしてもこれに背くことができないのです」

フジエール公爵にも同様の回答を行なっている。「お住まいに三つ目の鏡をとのご要望にお応えできたらと心より思っております。可能であれば喜んでそういたすところですが、国王陛下は城館内の住居に対してそのような数の鏡をお与えになっておりません。昨今の状況に鑑みましても、こうしたものについてはできる限りの節約が求められております。建設部は鏡の製造業者に未払い金が多く残っており、倉庫に残っておりますものも、国王陛下がお命じになる事業のために毎日割り当てられていく状態です」

　国王の許可が得られなかった場合、宮廷では自分で鏡を購入し設置しなくてはならず、部屋を明け渡す際に多くの問題が発生した。たとえば、ジェスヴル公爵が死去した際の財産目録にはこう記載されている。「一つ目の控えの間《ま》には、暖炉の上に鏡が一枚。二つ目の控えの間《ま》には暖炉の上に鏡が一枚。主執務室には暖炉の上に鏡が一枚、ガラス窓の間《ま》に二つの飾り鏡。灰色の間《ま》には暖炉の上に鏡が一枚。小部屋には暖炉の上に鏡が一枚（以下略）」

　相続人は鏡を取りはずすか、そのままにしておいて次にその部屋を得た者に安い値段で売り渡すかすることになった。ジェスヴル公爵の場合には、次に入居したデュラス公爵が相続人に鏡代を支払ったようで、デュラス公爵が後に部屋を明け渡す際、同様の額を要求し受け取っている。

　デュラス公爵の甥で、この住居の隣に住んでいたジェスヴル伯爵はこれほど幸運ではなかった。鏡の代金の返金と居室の改装を申し入れたとき、建設部長の回答はこうだった。

「畏れながら、お父上故トレズム公爵がヴェルサイユの城館にお持ちだった居室から、お申し入れによれば自費で設置なさったとされている鏡と造作物をお取りはずしになることはできかねます。（中略）建設部の記録では、ご入居者がご自分の負担で何らかの工事をなさったという記録はございません。基本的には国王陛下が住居に関するあらゆる支出を承認なさるものですので、お父上について何らかの例外があったと認めることはできません」

　実際、二十二年が過ぎており、よほど周到な者でなければ、鏡について、その大きさや設置場所とともに自費で購入したことを記し、建設部から与えられたものでないことを示す証明書（通常は視察官による証明書）を用意することはできなかった。典型的な証明書は「専任建築家と建設部監督官は（中略）、上記の鏡が国王陛下のものではなく、タルモン王女の所有であることを証明する」といったものだった。

そうでなければ、鏡をそのままにし、新しい証明書の発行を依頼した。たとえばオルニサン侯爵夫人は、建設部の視察官から一七八〇年に証明書をもらっている。

「オルニサン侯爵夫人は、故クロワシーの住居を引き継いだ際、レキュイエ氏が署名し、マリニー侯爵が閲覧した添付のリストのとおり、種々の鏡を購入した。一七七九年には、新しい寝室に設置したもう一枚の鏡を購入したため同様の承認を受けたいとの申し出があり、正当と認められるところである」

ノアイユ伯爵の大きな失敗

ノアイユ伯爵が陥った状況は、これほど単純ではなかった。実際、城館とヴェルサイユ市の総督として、伯爵は独立した権限を持ち、別個の予算を有していた。とはいえ、国王から与えられた城館内の居室での工事については、建設部の管轄だった。したがって、鏡の設置や修繕は、たとえ王領地予算から出ていたとしても、建設部の担当だった。フランスでも有数の旧家の出身だったノアイユ伯爵は、ある日、自室の鏡についての報告書を、ポンパドール夫人の若き弟、「新米侯爵」と揶揄されていたマリニー侯爵に提出しなくてはならないという我慢ならない状況に陥った。

事態は、閣僚棟の外にあった、公邸としての居室を移動するときにおこった。ノアイユ伯爵は、太陽王ルイ十四世が伯爵の前任だったブルイン氏に公邸用として十四枚の鏡を与え、伯爵がそれを新しい住居に移設したことをルイ十五世に伝えたが、その際に建設部に照会することをしておらず、これは伯爵が常日頃厳しくしている規則の遵守を欠くものだった。こうして、ノアイユ伯爵はマリニー侯爵に対して、屈辱的にも釈明の手紙を書かなくてはならなかった。

「私はたいへんに大きな誤りをおかしたと存じますが、これは単純に無知ゆえの誤りで、そのために罰せられることではないと存じます。総督職に属しております鏡を私がすべて保存していることは閣下もよしとお認めになられることと存じますので、これらの鏡を倉庫へ移すことを避けていただければ一番簡便かと存じます。私のいたしましたことは犯罪だという者もおります。自分でも当時なぜそうしたのかわからないのですが、とにかく真実をお伝えしたのです。閣下が私を信用くださいまして、誤りを訂正し、命令を下していただいて、こうした噂と縁を切ることができますことを望んでおります」

マリニー侯爵の回答はそれほど好意に満ちたものとは言えず、鏡の価値について重々しく宣言している。

「閣下、私からのお願いについてご理解いただけたことと存じます。閣下に対して信頼を寄せております私といたしましては、閣下が居室のためにご要望なさった鏡の量に驚いております。鏡の見積もりをさせましたところ、二〇〇〇エキュでした。控えの間《ま》に一枚、応接用の執務室（小部屋）に四枚、執務室と衣裳部屋用に無色ガラスもご要望で、鏡だけで二〇〇〇エキュです。閣下は建設部のかつての慣行をご存じでございましょう。国王陛下は誰にでも鏡をお与えになったのではございません。国王陛下が鏡を承認なさったとしても、それは広間に一つです。ときには執務室に一枚ということもありますし、さらには寝室にもう一枚ということもございます。確かに、総督の場合は十分にご容赦が得られることとは存じます。閣下のおっしゃられるのもごもっともです。国王陛下のご利益にかなうことでもございます。閣下が私の立場でいらしたら、総督の居室に設置させた鏡の量をお減らしになるでしょうか？」

追及の調子はますます強くなり、露骨な算定がはじまった。マリニー侯爵の部下の視察官たちは、ノアイユ伯爵とその家族のための公邸を構成する四つの居室に、二十三枚の鏡があると報告した。二回目の明細書には、総督棟にそのまま残される鏡を含めても十八枚しか記載されていなかった。ノアイユ伯爵は、新しい居室にある鏡と、建設部から与えられた鏡とを合わせた価値は、総督棟に残してきた鏡の価値を下回っていると主張した。ここで伯爵は「profiter」という語を使う過ちをおかした。この語は確かに「恩恵に浴する」という意味があるが、利益を引き出すという意味も持っているのだ。金融業者の息子だったマリニー侯爵は、この大失敗をすぐに利用した。「公平に判断いたしますと、総督官邸の交代において建設部が鏡について利益を得ることは考えにくいかと存じます」

防戦となって、総督は一歩退かざるを得なくなった。

「以前の総督官邸から建設部の倉庫へと移されてしまいました鏡の件について閣下にお話しいたし

ました際、私がprofiterという語を使いましたのは厳密な意味ではありませんでした。(中略)私はただ、新しい総督官邸には建設部からは、唯一私の寝室の暖炉の上の鏡を製造所よりいただいているだけで、ゲースブリヤン夫人の美しい鏡三枚と、以前の総督官邸の控えの間《ま》にあった一枚は建設部の倉庫に格納されてしまったと申し上げたのみでございます。とはいえ、もし四枚のうち一枚しか与えられないということであれば、やはり、同じ言葉を使わせていただきまして、建設部が利益を得る(profiter)と申しあげましょう」

　マリニー侯爵は相手を打ち負かす誘惑に耐えきれなかった。

「閣下がなさった計算によりますれば、新しい総督官邸に与えられました鏡と、国王陛下の倉庫に戻された鏡とで、もし鏡業者が正しく報告しているのであれば補償はまさにぴったりだとお考えでございましょう。確かに三枚の鏡は倉庫に戻っておりますが、ほかの三枚をお受け取りのはずです。鏡業者から一枚と、以前の総督官邸からの二枚です。後者の二枚は、応接間に設置されており、ここには以前は二つの飾り鏡があったのみでしたが、現在は四枚となっているわけでございます。つまり、ゲースブリヤン夫人の居室から取り払われた三枚の鏡は、別の三枚で置きかえられたということです」

　こうした辛辣なやりとりののち、ノアイユ伯爵は主張を押し通し、翌春に作成された記録によれば、居室にはさまざまな種類の鏡が二十八枚あり、その中には組み合わせることで装飾的な効果をあげるためのものも含まれていた。

　証明書は鏡の所有者について証言してはくれるが、その撤去についての問題を解決してくれるわけではなかった。単なる壁かけ鏡であっても、入居者が変わる際に寄託されたり、倉庫へ返納されたりすると、空間が不格好に空いてしまうのだ。ルイ十五世の末娘に仕えていた身分のあまり高くはない女官の一人、ウェルドゥラン嬢は、王族棟の屋階の小さな居室に入居していたが、一七五〇年、「ヴェルサイユの居室にある小さな暖炉二つの上に鏡を設置する」よう建設部に要望し、「以前そこにあった鏡が取り払われ、壁がむき出しで、とても見た目が悪い」とこぼしている。ウェルドゥラン嬢は二〇〇リーヴルを受け取った。既存の造作物に鏡がはめ込まれている場合には、事態はもっと複雑になった。取り外しは建設部にとって費用のかかる修繕だったからだ。倉庫への格納、手の込んだ彫刻を施した新しい額縁、壁塗りの手間などの費用は、多くの場合、入居者の交代につきものの修繕費用に上積みされるのだった。

一七七三年、ルール伯爵夫人が建設部長マリニー侯爵に、鏡の設置の許可を願い出た。「設置する費用だけでなく、私が居室から退去いたします際にこれを取り外す費用についても、私がすべて負担いたします」

だが、建設部は、こうした口約束があてにならないこともよく知っていた。

その翌年、アンジヴィエ伯爵がマリニー侯爵の後任として建設部長になると、城館担当の視察官に対して新しい指令を出した。

「国王陛下は、古くからの規則、すなわち一七七四年一月の国務諮問会議令によって確認かつ更新された規則を、条文通り実施させるよう監督することを私の職務とされた。宮廷に住居を与えられた者は、その居室を絶えまなく変更し、かつこうした支出を権利の一つだと考えており、さらには（中略）居室から退去する際には入居中に設置したものをすべて持ち去ろうとするために住居の傷む原因ともなるという問題についてである。（中略）国王陛下は今後（整備のための支出を自ら負担したことは当然の前提として）、居室から退去する際、国王陛下の明白な同意を得て設置したものを除いて、設置したものを持ち去ることをお認めにならない」

総督はこうした建設部の姿勢を支持した。

「居室は頻繁に入居者が変わります。所有者があらゆるものを持ち去り、その際にまったくもって所有の権利のないものを傷つけることが多々ございます。かつて、取り去るのは鏡だけでした。ヴィラール元帥は以前七つの居室をお持ちでしたが、鏡以外何も取りはずされませんでした。当時は造作工事によるアルコーブ〔寝台を収めるくぼみ〕ですとか、似たようなものは問題になっておりませんでした」

それでも、新しい規則で認められている改装もあった。

「ある程度規模がある場合には、建物を傷める可能性のある撤去をさせるよりは（中略）手当を認める方が国王陛下にとっては望ましい」

しかし、実際の状況はあまり明確ではなく、例外が横行した。一七八八年、年輩の放蕩者でルイ十五世の遊び仲間だった元帥リシュリュー公爵がパリで死に瀕しているとき、二人目の妻は、一七四四年以来夫が持っていたヴェルサイユの居室を引き払いたいと希望した。建設部は視察官を派遣して次のような報告書を得た。

「元帥閣下のご危篤に鑑み、リシュリュー元帥夫人は、城館にご所有の居室を完全に引き払うことをご希望です。（中略）夫人は鏡はすべて元帥の所有だとして引き渡しをご請求なさっております。（中略）倉庫の記録を調べましたところ、鏡が国王陛下のものだという通知あるいは証拠はございませんので、部長様からの指示があるまでは何も取り払わないよう担当の係に申しつける必要があると存じます。おそらく問題は、国王陛下が鏡の購入、設置、裏板張りを行なわせたということ以上に、これを取り払わせることが適切かどうかという点にありまして、ほかの鏡で置き換えなくてはならないということになればさらに問題です。国王陛下のお定めの価格および推定によれば、仕上げも含めた上記の鏡の価値は一五二三リーヴルでございます」

金による解決は簡便だったが、そのためには所有権の証明書が必要だった。元帥夫人はこう回答している。

「畏れながら、四十年も経っておりますため、鏡につきまして追跡や記録の発見は難しいと申しあげます。ただし、家具保管係の事務所では、記録管理を丹念に行なっておりますので、こうしたかなり昔の財産管理にも明るいかと存じます。私が問い合わせましたところ、わが夫リシュリュー元帥の請求しております鏡は家具保管係の一覧にはないとのことでございまして、このようなことを考え合わせますと、私の承知しておりますもっとも新しく所有しておりました居室の場合と同様に、夫は一貫して、すべての鏡を自分の負担で設置したと確信いたすところでございます。このことが問題なく完全な証左となるのではと存じます」

リアンクール公爵がリシュリューの次の居室の入居者となったが、鏡はそのまま残されていた。

豪華なフランス窓から貧相な天窓まで

鏡は、夜には燭台の詩的な煌めきを無限に反射し、鎧戸をあければ陽の光を受けて明るさを倍増させた。そのため、窓の大きさと種類が大きな重要性を持つようになり、よりよい住居を求める競争は「ガラス窓レース」と呼ぶにふさわしいものだった。一番の羨望の的は、庭に面した、二つのガラス板があるフランス窓だった。北棟と王族棟の中心部をつないで規則的に並んだ窓は、壮人かつ優雅な印象を与えた。国王と王妃、王子王女たち、寵愛を受けている貴族たちの居室には、窓から日中の光がさんさんと降り注いだが、手入れが行き届いた状態ではなかったために、冬が来ると凍るようなすきま風を通してしまっていた。

マントノン夫人は身分は低いがルイ十四世の妻で、この大きなガラス窓の弊害に悩まされた。一七一三年、フォンテーヌブローに滞在中にこう不満を述べている。

「私は今でもとても美しい居室をいただいておりますが、寒さと暑さにつきましては、最大級のアーチ型の大きな窓に、シンメトリーを維持するために鎧戸も框《かまち》も風除けもつけられないとなりましてはたいへん難儀なことでございます。私の辛抱も健康も、まるで仙人のように我慢する方々と暮らすには限界でございます」

幸いヴェルサイユでは、夫人の居室は前庭に面した旧館にあって、窓はもっと小さかった。三階や、レゼルヴォワール通りとシュールアンタンダンス通りに面した居室についても同様だった。

欄干の上や、マンサード屋根〔二重勾配の屋根〕の高さになると窓はさらに小さくなり、ペディメント〔建物上部の切妻壁〕で囲まれていることも多かった。確かに優雅ではあったが、屋根との接合部がきちんと塞がれていないと、風雨を通してしまうのだった。マンサード屋根の傾斜の上部に設けられた屋根窓や小さな採光窓は船窓ほどの大きさしかなく、鉛で縁どられていた。マンサード屋根のほぼ平らな上部に設けられた極小の開口部は、サッシの開きかたが煙草の箱の開閉を思わせることから「タバティエール」と呼ばれる天窓で、風や光をほんのわずか取り入れるためのものだった。

庭に面した大きく印象的なフランス窓はたいへんに高価だった。一七二二年に宮廷がヴェルサイユに戻ったとき、建設部はこう認めている。

「城館の大居室では今年は三十の新しいガラス窓分の費用しかなく、古くなったものは接合でも修繕不可能で、腐ってしまっています。(中略)鎧戸は再利用できるかと思いますが、金具やガラスやペンキ塗りの建具工事を別としても七七四〇リーヴルかかるでしょう」

この年の予算は二〇〇〇リーヴル程度だったから、修繕を行なうのに三年以上かかるという計算になった。一七六四年、ルイ十四世の庶子の息子、ドゥ伯爵は、〈北の花壇〉に面した二階にある居室の五つのガラス窓を調整し直すよう要望し、一つにつき五〇〇リーヴル以上かかったが、おそらく鎧戸の費用も請求に含まれていたのだろう。同年、その隣に入居していたラ・ロッシュ＝エーモン枢機卿は、各六〇〇リーヴルの新しいガラス窓四つを受け取っている。こうした窓はあまりに大きすぎて変形しやすく、ドゥ伯爵も枢機卿も取り替えざるをえなかったのだ。

その二年前、同じ回廊の端に住んでいたブランカ公爵夫人も修繕を申し入れていた。建設部のレキュイエは上司にこう報告している。

「ブランカ公爵夫人のご住居に参りました。寝室のガラス窓と、小部屋の二枚とをイスパニア錠のついた新しいものに取り替えてほしいとのご要望でした。確かに状態はよくありませんが、非常にいい二重の框がありますのでこの冬を越すことは十分可能かと思われます。さらに、ほかの工事のことも考えますと、建具職人が不在のあいだにそれを仕上げるのは不可能でもあります上、問題のガラス窓は大がかりでございまして、かなりの高さと幅がありますのでそれぞれ五〇〇リーヴルはかかるかと思われます」

一階ではこうした窓からは直接庭に出ることができた。王太子が王族棟の一階の居室から、城館中央一階に移ったのはそのためだというのがリュイヌ公爵の考えだった。

「王太子殿下と将来の王太子妃殿下の新しい居室がどういった理由で決定されたのかわかりかねます。噂によれば、王太子殿下がもっと自室から外出なさり、散歩をしやすくすることが理由だとか。殿下は外出を好まれませんし（中略）、庭に出るためにたくさんの者を階段を下りて移動させることがご面倒だということです」

日中はたいてい、誰でも自由に庭に入ることができ、王太子の居室の中のできごとを眺めて楽しむこともできた。そのため、翌年王太子は「執務室の隅から入り口階段の一番下の段まで、窓枠下の高さの鉄柵をめぐらし、ともすれば居室に近づきすぎる野次馬を遠ざける」よう要望した。王子王女の教育係だったマルサン伯爵夫人は、「王女方のところと同様に、人が中を覗いたり、上まで開け放される窓から入ってきたりしないよう」同様の措置を要請した。プライバシーを守ろうとする要求は、一七七二年に頂点に達し、レキュイエがこう記している。

「王族方は、ご自分のご負担で、城館の正面に沿ったテラスすべてに、格子や鉄柵を取り付けるとお申し出になりました。（中略）ソフィー王女がこの件にご介入です」

町側の窓はより小さく、費用も安かった。一七一二年の予算にはこうある。「城館の屋階、および翼棟につながっている建物では、少なくとも百十枚を新しくする必要があります。老朽化で修繕が不可能な分ですが、見積もりは九二四〇リーヴルです」

一七五七年、ポンパドール夫人は総督棟にあったカリニャン王女の居室に新しい窓を五枚という要望を支持し、「建物と同じぐらい古いもので、修繕は不可能ですし、王女様は昨冬中このために寒さを我慢なさったのです」。改装には五〇〇リーヴルかかった。

その翌年、旧棟に住んでいたビロン元帥からも要望があった。「元帥閣下からは、寝室の小さなガラス窓と、ビロン夫人の寝室の二枚だけのご要望です。古いガラス窓からかなりの風が入り、冬の寒さがこたえるとのことです」

この場合の費用は二八九リーヴルだった。ステータスの高いこの二つの居室では、通り側の窓は庭側よりも小さく、その交換費用は城館の西正面の大きなフランス窓一枚の交換費用の五分の一だった。

閣僚の翼棟の三階、玄関広間の左手では、マンサード屋根の窓からの光が陸軍卿付きの秘書室を明るくするはずだった。一七八五年、秘書官は建設部に対して「三つの屋根裏部屋の自然光の採光が貧弱なこと」を申し入れ、「どの部屋も採光できるガラス窓は庭に面した北側」だとしている。請願書には、この階について現在入手できる中でもっとも詳しい説明が書かれている。それによれば、シンメトリーを大事にしつつも、城館の長い歴史を反映し、さまざまな種類のガラス窓があったようだ。

六名から七名の書生が働く一つ目の部屋には、「普通のガラス窓」十六枚の入った二枚の開き扉から採光しており、窓の大きさはそれぞれ縦横が二三×三〇センチメートル、全体で九二×一一八センチメートルだった。「窓枠と框は、必要に応じて目地材とガラス窓用のパテを使って手入れをすれば、まだ使用できる状態」だった。

向きは北向きで、書生たちは「ほかの二つの小さな採光窓」なしにはほとんど見えない状態だった。この窓は「一つは二枚、もう一つは四枚の同じようなサイズの窓ガラスが、窓枠の幅いっぱいにわたっており、その両端は梁の上部の屋根組みに直角に交わってついている」

この書生たちの部屋と首席秘書官の部屋とのあいだには、使用人が交替で勤務する控えの間《ま》の窓があるが、これは翼棟が建てられた当時のもので、一世紀以上も昔のものだった。

「控えの間《ま》のガラス窓は（中略）とても古く、鉛縁の緩んだ小さな窓枠はさらにもっと古いものです。開き戸の框にくぎ付けされた小さな鉄棒で支えられているガラスは悪天候で傷みが激しく、老朽化によりもはや使用不能な状態です。（中略）首席秘書官の執務室については、開き扉に二枚ずつ、合計四枚の大きなガラスのはまった一組の窓しかなく、状態はとてもよいのですが、陽の光はあまり得られません」

日中燭台を使うのを避けるため、秘書官は小さな屋根窓二つと壁の塗り直しを要請した。

また「マンサード屋根の急勾配部」あるいは「低い屋階」の部屋は、窓のない勾配部分の上にあったために通りからほとんど見えず、住人は不満だった。ほんのわずかの採光と通風はタバティエール

（天窓）から得られた。こうした屋根裏部屋での生活は一七七九年に建設部に宛てられた請願書からよくわかる。

「私、元国王付き菓子係、現王妃付き菓子係のベズナールは、この職務のため、大共同棟の屋根裏に、寝室として使う小さな部屋と漆喰塗の傾斜壁の小さな衣裳部屋から成る小さな住居をいただいておりますが、十五ピエも上の方にある、片側しか開口部のない頂塔だけが明かりとりです。現在、午後の三時間しか光が入りません。もう少し明るい光を享受できますように反対側にも開口部を設けていただけますよう、閣下に衷心よりお願い申しあげます」

この請願は却下され、二回目の一七八〇年の請願にも返答はなかった。そののち工事は認可され、それから延期され、ようやく一七八三年に行なわれた。請願の欄外に視察官はこう記している。「注記　この者によれば、その妻の住居はこれよりもさらに悪い状態とのことで同情に値する」

宮廷では、カーテンが欲しい場合は自己負担だったが、そのほかの付属品については建設部に願い出た。たとえば、二重窓、大きな窓ガラス、外側の鎧戸などだ。陸軍卿の首席秘書官の記したところでは、ヴェルサイユにもともとあった窓のいくつかは、鉛製の仕切りのついた小さな窓ガラスからできていて、もっと大きな窓は木枠で支えられていた。しかし、細工しやすい鉛は変形もしやすく、木材は年月の経過や悪天候の影響で腐ったり収縮したりした。

ゴントー公爵はこう嘆いている。「ガラス窓は完全に腐っている」。また、ローラゲ公爵夫人は「古いものは老朽化して崩れてきた」と言っている。

給仕長たちは大共同棟に所有している官舎の悲しむべき状態を嘆き、視察官はこう書いた。「ガラス窓は大共同棟が建設された当時のもので、完全に腐っております。とにかく昔のものです」建設部長は泰然とことに処した。「必要とされる内容が変わったのは時代の変化に応じたもので、この影響は誰にでも共通ですから、それに対処せざるを得ないことは承知しております」。ここでいう「必要とされる内容」とは、今少しの快適さと明るさを求めることだった。

一七七〇年代には、窓の大半は百年近く前のものとなり、交換の必要性が高まっていた。建具工事職人が老朽化した木製の仕切りを削って調整したが、できることには限りがあった。修繕は不可能ということも多く、交換はさしせまった問題だったため、部長もなにか手を打たないわけにはいかなくなった。さらに、嗜好が変わり、宮廷では特に「グラン・カレ（大きな正方形）」というもっと大きなガラス板、次いではボヘミア産ガラスが好まれるようになっていた。ボヘミア産ガラスは最新の流行で、欠陥や変形が大きく減った。

一七八八年、改革派の一人はこう記している。

「現在のガラスと四十年前のガラスとのあいだにはまったく均衡もなく比較すらできない。当時は、普通のガラスしか用いず、二十枚、三十枚、四十枚、五十枚のガラス板を鉛枠で芸術的に囲んで仕上げたものだ。（現在では）アルザスかボヘミア産の大きな無色ガラス板か、少なくとも小さなガラスの集まりでできている緑色のこの古い窓ガラス板よりもはるかに上等な種類のガラス板でないと、誰も使おうとしない」

鎧戸と二重框《かまち》の流行

一七四八年に初めて、大きなガラス板の窓の要望がモンモラン氏から出された。建設部長とのやりとりの記録が残っている。ル・ノルマン・ドゥ・トゥルヌエムはこう書いている。「モンモラン氏は新しい窓の設置を願い出ており、現在の鉛の窓ガラスの代わりに、大ガラスを希望している」

ボヘミア産ガラスについて初めて言及があるのは、一七六三年に外務卿から出された請願書だ。「私、プララン公爵は、自己の負担において、二階の夫人の小応接間の二つのガラス窓を、ボヘミア産ガラスに交換することを許可する命をいただききたく存じます。ほかの普通ガラスのガラス窓との調和を懸念なさるかと存じますが、一階でも、またショアズル公爵宅も同じようなボヘミア産ガラスを使っており、何ら問題はないかと思われます」

権勢を誇るショアズル公爵は、大の贅沢好きで、流行に先鞭をつけていた。しかし、閣僚の居室を除けば、ボヘミア産ガラスはまだ珍しかった。一七七二年、建設部長マリニー侯爵宛ての視察官の報告には、こうある。

「タルモン王女は(中略)ご自分のご負担でボヘミア産ガラスを窓にはめたいと申し出ておられます。この窓の木枠は建設部でも交換できるかと存じます。こうしたガラスは国王陛下、王妃、王子王女方でさえお使いでないことを思えば、このような目新しいものが前例となって重大な影響を及ぼすことになりかねません」

一七七〇年代なかばになると、ボヘミア産ガラスによる大きな窓の要望は珍しくなくなった。一七七四年、王族棟の庭側三階に住んでいたロスタンジュ伯爵夫人は、当時の建設部長アンジヴィエ伯爵にこう書いている。

「私がお願い申し上げました件についてご厚情を賜りましたら幸いです。私の居室にとっては必要な修繕でございます。窓は完全に腐敗しております。視察にいらしたウルティエ氏もこう認めてくださいましたが、私には貴殿の許可が必要です。（中略）それとともに、窓枠に大ガラスをはめることを許可いただけますよう、お願い申しあげます。費用は四つの窓あわせて五十リーウル増となりますが、私の居室の物憂さも減り、もっと明るくなることと存じます」

建設部長の回答はこうだった。「ご要望がございました上、私といたしましてもご夫人の居室にはそれが適切かと存じますので、工事を行ない、ボヘミア産ガラスを使う許可をお出ししたところです」

しかしこうした寛大な対応は、伯爵夫人がほぼ最後となった。その数か月後に新しい規則が定められたからだ。それ以降は、定められた官職に就くものを除き、窓の手入れは入居者の負担となった。しかも、建設部は窓の修繕は請け負うが、もはや交換はしないことになった。

レスキュール伯爵夫人は、この厳格な新しい規則に泣いた一人だった。アンジヴィエ伯爵は夫人の要望にこう答えている。

「ソミエーヴル夫人の居室の新しいガラス窓についての変更のご要望は、費用の増加の如何にかかわらず、お考えになっておられるよりも重大なことですが、この件全体としましてはご夫人のご意向に沿いたいと私も願っておりますことをお示ししたいと存じます。問題の三つのガラス窓は、新しくできる状態にあり、大ガラスも設置される予定です。ただ、私が申し上げなくてはなりませんのは、昨年定められました新しい規則により、窓ガラスの修繕その他の費用は、居室の入居者のご負担となり、ご要望の大ガラスはほかの種類のガラスよりもかなりご負担が増す可能性があるということです」

新しい規則は、絶対的な必要性がない費用を削減しようという政策の一環だった。以前は、特にマリニー侯爵が建設部長だった時代には、建設部は予算の許す限り、入居者が変わるたびに修復や整備、中二階の設置、仕切りや暖炉の移動などを国王負担で認めていた。一七七三年と一七七四年に財務総監と建設部長を兼任したテレー司祭の時代には、この政策が厳しくなった。司祭は、建設部の名では緊急の修繕以外は容赦なく却下し、財務部の名では年金の廃止まで含む明確な計画を提案した。その結果、司祭は四面楚歌となり、辞任を余儀なくされた。後任のアンジヴィエ伯爵は自分流の改革を導入し、権力のある者、信用のおける者、要望にもっともな理由がある者に対処しつつ、「緊急を要する修繕だけ」という点は堅持した。

宮廷における要望はこれまでより合理的なものとなったが、費用が自己負担となってもなお、ボヘミア産ガラス熱は冷めるところがなかった。

一七八二年、建設部長アンジヴィエ伯爵は新しい大ガラスを要望したルッソー夫人にこう回答している。「ご夫人に対して建設部長である私ができますことは、ご自分のご負担で大ガラスを設置する許可をお出しすることだけです」

その翌年、モンベル夫人が同様の要望を出し、視察官はこう述べている。

「モンベル夫人のご要望は、お部屋の窓の小さなガラス板と木枠を取り除き、代わりにボヘミア産の大ガラスを設置するというものです。（中略）私といたしましては、ご夫人のご負担で設置なさる限り、このご要望に特に問題はないかと存じます」。

二年後、また別の要望が出された。「建設部長がボヘミア産ガラスをお与えになれないということであれば、私、モンティノンが費用を負担いたします」

宮廷では過去の教訓が十分学ばれていたようだ。

技術が向上し、生産高があがるにつれて、より大きな、より質のいいガラスが求められるようになった。次に宮廷でうらやましがられたのは、二重框だった。レヴィ公爵は王政復古について回想してこう書いている。

「暑さや寒さに対する唯一の効果的な手段だった二重框を懐かしく思います。当時、一つだけ不便だったのは、二重框で明るさが減ってしまうことでしたが、今日、普通のガラスがこれほど大きく、贅沢なものとなったからには、この問題はもはやありません」

二重框はボワーニュ伯爵夫人が「高貴な家柄」と呼ぶもっとも位の高い官職の大貴族たちや、その親族や友人たちといった特権階級にだけ許されたものだった。建設部による窓の手入れを受けられる者の一覧には、聖堂付きの司祭や猟犬係までが載っていたが、二重框を要求できたのは大貴族だけだった。マリー＝アントワネットの女官だったグラモン伯爵夫人や、ヴィクトワール王女の女官だったボーモン伯爵夫人の要望に対する回答からは、位階と出自が何よりの判断の基準だったことがはっきりとうかがえる。

「グラモン伯爵夫人のご要望は、居室の板張りと化粧仕上げの修繕、および二重窓です。（中略）私といたしましては、ご夫人はこうした恩恵をお受けになれるお仕えのご夫人方と同様かと存じます。私の方では、ただ部長に対し、王妃付き女官でいらっしゃるご夫人が得られました大きな二重窓について、お支払いがなされたとご報告いたします」

一七八四年には、王妃の腹心ですら、費用を負担しなくてはならなかった。ボーモン夫人が職務に復帰したときにも、慎重には慎重を期したのだったが、やはり成功はしなかった。

「瑣末なことでお手を煩わせるのは失礼かとも存じますが、私の部屋を明るくするためにボヘミア産ガラス窓二つをお願い申し上げることにいたしました。私の部屋からは高くそびえる壁と階段が見えるだけで、部屋の中は凍るように寒く、たいへん畏れながら本当に必要でございますので二重框もお願い申し上げる次第でございます」

この請願書の欄外には「却下」と書き込まれている。ほかに二重框を認められた者は、王子王女の教育係、国王付きの衣裳係長そして閣僚たちである。

もっとも贅を極めたガラス窓は、総督棟にあった居室で、ルイ十五世の公認の愛人の地位にのぼりつめたバリー夫人が住んでいた住居にあった。一七七一年、解体工事の候補業者を伴って翼棟を訪れた視察官はこう報告している。

「バリー夫人の居室の中二階にのぼりますと、階下にある五つの扇形のガラス窓からの光に照らされました。窓の外側は二重框になっており、中側はボヘミア産ガラスの十字窓です」

鎧戸は、「ジャルジー（嫉妬）」と呼ばれ、人気も高かった。窓の外側は安価な木製のがらり板で、風を通しながらも日よけができるものだった。ショアズル公爵夫人が閣僚棟の二階の窓に二連の鎧戸を要望したとき、その見積もりは八十リーヴルにすぎなかったが、首相の夫人でありながら、その要望はシンメトリーを損なうという理由で却下された。

　ブリージュ伯爵夫人は、大厩舎のパリ通り側に居室を所有していたが、要望に対して「たいへんに丁重」ではあるものの同様の回答を受け取った。夫人の書いたところによれば、「私の住居の通りに面した真南の三つの窓につける鎧戸の件でご相談いたします。私のところには二重框がありましたが、こちらは交換されておりませんでした。ウヴェ氏はこれがよい状態ではないとおっしゃいました。鎧戸は雨よけになり、私にとって陽の光を確保するのに本当に必要なものでございます。国王陛下のもとではこれをお与えにならないことになっているのでしたら――私はこれはお恵みとご寵愛の賜物だと聞き及んでおります――私がほかのものと合わせて費用を負担いたしたいと存じます」

　居室によって外側に鎧戸があるものとないものがあれば、正面のシンメトリーが害されるのは避けられない。ブリージュ夫人とショアズル夫人はともに宮廷で力を持っていたが、居室はそれぞれ、通りと〈名誉の中庭〉に沿った建物群の中にあり、城館につながっていた。外観の調和の方が入居者の快適さよりも優先されることも驚くにはあたらなかった。たとえ王子の居室であっても鎧戸の禁止は適用されていた。

　アルトワ伯爵の守衛たちは、南棟の二階にある横並びの続き部屋に入居しており、その部屋には西向きの大きなガラス窓があった。一七八三年、守衛たちがとった暑さ対策の応急処置は建設部の心証を害した。

「毎年夏になると、城館に所有している部屋では太陽熱による暑さで難儀しており、これに対処するため、その部屋のガラス窓の雨戸を閉め切らなくてはならず、他に方策もないため涼しくなると考えて寄木張りの床に水をまいておりますが――まちがったことを信じて安心しているのですが――、これは非常に有害であり、たいへんな影響が出るかと思われます」

総視察官ウルティエはこれに対し、国王や王妃の守衛にも認められていなかった鎧戸を彼らに認めることは、問題外だとした。ウルティエは、部屋の方角は異なり、また大きく開けた庭に面していることについては忘れたふりをしていた。

居室の中には夏のあいだ、鎧戸がなければ住むこともできないようなものもあった。特に、鉛の屋根を夏の太陽が熱してしまう屋階の部屋はそうだった。メルボワ元帥は「西日対策のため、自分の負担で鎧戸を取り付ける」ことを要望した。隣人のモンベル夫人も同じような請願をしている。「ダルトワ伯爵夫人は、私の部屋によくいらっしゃってくださるのですが（中略）、本日、あまりに暑いとお感じになられたようです」

官職によっては、それに応じた官舎で鎧戸に恵まれるチャンスが高まるものもあった。近衛隊の副大隊長だったアグー子爵の請願について、視察官は建設部長にこう書いている。

「鎧戸につきましては、アグー子爵はその職務上、これを取り付けることが認められる場合にあたると存じます。いずれにせよ、鎧戸はごく小さいものですので費用もかかりませんし、屋根裏部屋の窓、かつ南向きです。もし部長のご承認が得られなければ自費で取りつけということになるかと存じます」

子爵は鎧戸の費用を負担しなくてはならなかったが、隣人でダルトワ伯爵の護衛長を務めるクリュソル騎士は無料で鎧戸を得た。

これまで見てきた例はどれも、王族棟の中庭側の居室だった。メルボワ夫人の居室はひとつの階をすべてぶち抜いており、正面側と中庭側に窓があったが、その窓に鎧戸がつけられていたかは今ではわからない。

庭側については、私たちが知る範囲での唯一の要望は、レヴィ侯爵の請願だ。「たいへん畏れながら、城館にて私が賜っております南向きの居室のガラス窓に鎧戸をつけていただきたくお願い申しあげます。夏になりますと（中略）鎧戸なしでは部屋にとどまることができません」

回答が欄外に記されている。「丁重かつ理由をつけて却下」

北棟についても同様のルールが適用されていたことは、中庭側や通り側の窓についての二つと、庭正面と中庭の両方に面している窓についての一つ、合わせて三つの請願からうかがえる。実際には、屋階については、鎧戸は庭から見えない限りすぐに認められていたようである。

掃除

清潔さとは無縁の宮殿

王妃の階段
© Sanjiro Minamikawa

床磨きと掃き掃除

城館の掃除という報われず終わりのない仕事も、宮廷の人々の私生活に否応なく降りかかってくるもののひとつだった。このために、さして位の高くない官僚でも召使いを雇っており、もっと位の高い者、たとえば給仕係侍従などは管理人を雇っていた。ところが、十八世紀になって居室に台所がつくられはじめると、こうした使用人自体が問題のもとになることも多かった。なかでも調理人や台所の女中は無頓着だった。一七五四年、総督ノアイユ伯爵はこう記している。

「今では誰もが町中の邸宅のように使用人を雇い台所を持ちたがりますが、不潔さとひどい臭気のもとになっております。彼らは何でも窓から捨てます。シュヴルーズ公爵夫人とブランカ公爵夫人は、あまりの悪臭に我慢ならず、住居をお出になろうとしております」

聖なる場所でさえこの弊害を免れなかった。一七七四年、総督ノアイユ伯爵はこう記している。「王族方は聖堂の不潔さにご不満を述べておられます」

国王と王族の居室では、清潔さを保つために公私ともにあらゆる人員を雇っていた。寝室部の小間使いは家具を動かして女中が整理整頓するのを手伝い、織師は椅子張りを修繕したが、自分の仕事を清掃と呼ばれると侮辱されたと感じるのだった。

公の廊下や、北棟や王族棟に通じる開放された回廊は、掃除夫が清掃していた。国王の居室と、公的な部屋である大居室や〈北の花壇〉に沿って続く〈国家の広間〉、そして〈鏡の回廊〉は、床磨き人が清掃した。ルイ十三世の館を改装する際には、床にさまざまな色の大理石が敷き詰められ、床を洗う必要が生じた。だが、ときが経つにつれ、すきまから水が入り込み、骨組みや梁を腐らせ、階下の居室のコーニスが傷んでしまった。〈ディアーヌの間〉と〈マルスの間〉がその一例で、一七〇四年、建設部は大理石の床張りをはがし、倉庫に運んで、階下にあったトゥルーズ伯爵の居室の天井の装飾や彫刻を修繕しなくてはならなかった。その費用は全部で八〇三〇リーヴルであった。寄せ木張りは三〇〇リーヴルしかかからないが、木は大理石よりも丁寧な手入れを必要とし、床磨き人の数を増やさなくてはならない。スイス衛兵、床磨き人、掃除夫には、総督ノアイユ伯爵が管理している王領地の予算から給金が支払われており、総督の命を得た城館の使用人の一人が彼らを指揮していた。

王妃と王太子は国庫にそれぞれ独自の予算を有していて、その会計係が清掃に当たる者に給金を支払っていた。給金は雀の涙だった。一七二五年、王妃付きのある床磨き人は、一期あたり二〇〇リーヴルしか受け取っておらず、そこから助手の給金を出さなくてはならなかった。一七六九年に引退すると、年金という名で給金の倍額と食事手当が支払われ、本人の死後は未亡人が二〇〇リーヴルを受け取った。エリザベート王女の居室の床磨き人も同様の取り決めを交わしており、一七八〇年代にはこうした取り決めはよく見られたようだ。

王族付きの官僚たちの大半は、住居手当を受け取っており、たとえばサックス王太子妃の床磨き人は、八〇〇リーヴルの給金のほかに、一日十ソルの手当を受け取っていた。一七七九年の現況表では、王領地予算で雇われる床磨き人の待遇が改定されている。六人の床磨き頭はそれまで三六五リーヴルの給金、一〇〇リーヴルの住居手当、四五リーヴルの暖房手当、合わせて年に五一〇リーヴルを受け取っていたが、三九〇リーヴル上積みされて九〇〇リーヴルとなり、当時としては満足のいく額となった。そのほかの二十一人の床磨き人は、一七〇リーヴルしか増額されず、年に六八〇リーヴルで暮らさなくてはならなかった。ある記録によれば、この増額分は国王の個人財産から出たという。働くときはみな「小服《プティ・タビ》」と呼ばれた制服を身につけた。

居室の大きさによっては複数の床磨き人を雇う必要があった。一七六七年、総督ノアイユ伯爵は国王にこう書いている。

「王女方がご一緒に住まわれているあいだは二名の床磨き人で足ります。ヴィクトワール王女が王太子妃の居室を得られますと、人数を一名増やす必要がございます」

ルイーズ王女が一七七〇年にサン゠ドゥニのカルメル修道院に入ったとき、宮廷に残っていた三人の王女たちの床磨き人はそれぞれ二名で足りていた。その姪にあたるエリザベート王女とクロティルド王女の教育係は、一七七四年に若き王女たちが居室を持つ年齢に達すると二名の床磨き人を要求した。節約の観点から、国王の昔からの床磨き人の息子たちが普通の給金で雇われ、国王の個人財産から補塡がなされた。こうした取り決めは、一七五〇年、自分の息子の採用を願い出たヴォルティエという者も書き残している。

「王妃付き床磨き人であります私ヴォルティエは、これまで長きにわたり、私に課されております職務を一人で負いますことは難しいと申し上げてまいりました。そこで私の息子に助手をさせることをお願い申し上げたいと存じます。リュイヌ公爵夫人から、息子の賢明さと忠実さにつきまして保証いただいております。王妃殿下はこの取り決めにご賛成の由でございます。息子に年に二〇〇リーヴルと縁どりなしの赤いウールマントをお与えになることを国王陛下にお認めいただければとだけお願い申し上げます」

「パパ王」と呼ばれたルイ十五世に取り入るすべを心得ていた、年かさの独身王女たちは、まだ若かった甥ルイ十六世からも同じような成功を引き出した。一七七五年、即位してまもなかった国王は、おおらかにもこの独り身の叔母たちそれぞれの専属となる一連の官職を創設した。ほどなくこの三人の叔母たちは床磨き人の追加を願い出た。総督ノアイユ伯爵は国王にこう報告している。

「王女方は五十の部屋をお持ちで、それぞれ二名の床磨き人は必須でございます。私、ノアイユ伯爵は、この新しいご要望に抵抗いたしましたためお叱りを受けまして（中略）、王女方はもし私が認めないならば、ご自分の部屋（の予算）に組み込むと仰せになりました。そういたしますと、王領地予算のような低額の給金制度がないため国王陛下にとっては余計な費用がかかることになります。（中略）私、ノアイユ伯爵は、新しい床磨き人三名について、ほかの者と同じ待遇と、国王陛下の個人財産より二七リーヴルをお願いしたいと存じます」

床磨き人や掃除夫の給金はたいへん低かったが、それでも毎日必要な人手だったため、可能な限り国王から住居を与えられ暖房費を得ていた。一七四一年の住居現況によれば、オランジュリー通りのルイ館に床磨き人とその家族のための小さな部屋が四つ、掃除夫にも一つがあった。大共同棟の四階には、国王付き床磨き人頭に二つの部屋が確保されており、屋根裏にもさらに二つあった。そのほかの掃除夫にはわずかな住居手当が出ていたが、家族手当、残業手当などさまざまな理由を設けては増額されていた。

一七五〇年、総督ノアイユ伯爵は国王にこう書いている。「フォルヌロードという名の掃除夫が亡くなりました。未亡人と四人の子供が残されておりますが、雇われてまもなかったため、年金を出すことができません。アンリという名の床磨き人が住居手当一〇〇リーヴルを現金で要望しております。もし国王陛下がよろしければ、ルイ館にございますアンリの住居をこの身寄りない未亡人にお与えになり、フォルヌロードが受け取っておりました九〇リーヴルをファーヴルに、シャンベリーの城館のファーヴルの部屋を新しい掃除夫にお与えください」

末端の使用人たちまでよく知っていたルイ十五世は、この請願に「承認」を出した。

床磨き人たちは、城館や町中の小さな部屋から毎日出勤した。掃除道具は現場に置かれていたが、ある日大居室の戸棚が廃止されてしまった。総視察官ウルティエによれば、「早朝に到着した掃除夫たちが箒やブラシを取りに来て、アデライード王女を起こしてしまいました。そのため戸棚が廃止されたのです」。王女の眠りを守るために、視察官は「掃除夫たちには便利で移動の心配のない、通称エペルノンの階段の上」を掃除用具置き場とした。床磨き人と掃除夫たちの数は固定的ではなかったが、一七五五年にノアイユ伯爵が記したところでは、マルリーには三名の床磨き人と二名の掃除夫がおり、「ヴェルサイユと同様に整備する」ためにはさらに三名が必要だった。一七五六年の薪と着火用柴配給一覧には、四十四人の床磨き人が記載されている。この数には、城館、ヴェルサイユとマルリーの国王所有の建物で働く床磨き人たち、そしておそらくは引退した床磨き人数名が含まれていると思われるが、別途記載があるトリアノンの床磨き人二名は含まれていない。一七六三年、ヴェルサイユには十五名の床磨き人がおり、その他に王太子付きが二名、王太子の息子たちのために二名、王女たちに二名、王領地の事務所のために一名がいた。マルリーには七名おり、トリアノンに二名、動物園に一名、合計で三十二名だった。同じ頃、ヴェルサイユには十六名の掃除夫がいて、そのうち四名は大共同棟の担当だった。この指揮にはかなりの権威が必要で、ある時期までは城館の使用人から選ばれた者が清掃全体の指揮にあたっていたが、力不足を露呈した。一七六八年、総督ノアイユ伯爵は国王にこう示唆している。

「床磨き人と掃除夫の頭を務めておりますベカールはよき臣下でございますが、その命令を受ける者たちを指揮するには役不足のようです。私、ノアイユ伯爵は、この任務に、より向いていると思われますルマンと職務を交換させる許可をいただきますようお願い申しあげます。ベカールはフルリーとフリウの下で城館の使用人の官職に復帰させることになります」

ベカールは職務を交代し、規律は戻ったが、別の問題が生じた。一七七四年、ノアイユ伯爵は、クロティルド王女とエリザベート王女から床磨き人を要望され、フリウの息子たちを二分の一の給金で雇い入れることとなった。「フリウによれば、昔からいる四名の床磨き人たちは六十歳を越え、ほとんど働くことができないとのことです」

こうした問題は、一七五二年から総督ノアイユ伯爵が提起していたものだった。

「宮廷では誰もが私、ノアイユ伯爵宛てに床磨き人、掃除夫、マルリーへの運搬夫を要求します。これはさして重要なことではございません。ところが、一つ、お耳に入れたいことがございます。それは、こうした者を五十歳や五十五歳で雇い入れれば、三年か四年のうちに職務を果たせなくなり、年金を要求するようになりまして、二重雇用を引き起こします。こうした支出が重なりますとかなりの額にのぼります。私、ノアイユ伯爵は、こうした使用人を雇い入れる場合には四十歳を限度とし、それ以上の年齢の者でないこととする国王陛下の命をいただきたく存じます。そして、床磨き人や掃除夫の職を初めて希望する者には、職務をきちんと果たせるかどうかを確認し、私、ノアイユ伯爵が陛下の命をいただいて辞職の強制をせずにすむように、固定給での雇い入れとしないことをお願い申し上げます」

フリウは自分の職分におこたりなく、一七八〇年、蠟と、寄木張りの床のデザインにアクセントを添えるために混ぜる赤と黄の顔料の契約も取りつけた。その請負書によれば、ヴェルサイユだけでなくマルリーやトリアノンも含めた国王および王妃の居室や、第一王女、エリザベート王女、叔母様方(独身の王女たち)、そして男系の王族たちに対して納入を約している。契約にはさらに総督の居室、王領地の事務所と記録保管所、城館と大共同棟の管理人の住居、四分の一《カルティエ》勤務の首席近侍の住居、そして聖堂の聖具室まで含まれていた。

「上記の箇所を顔料をひろげた上にきちんと蠟がけするために、私は二日に一度ワックスがけを行ない、そのたびに最高の清潔さをもって手入れを行なうことを約束いたします」

フリウは国王付きと王女付きの床磨き人を雇うことを提案し、床磨き人監督が「蠟をすべて（中略）手渡すことにし、床磨き人たちが自分のもののように扱わないよう」に責任を負うと言明している。

改革の少し前、フリウの契約額として年に一万リーヴルが承認されたが、一七八四年には一万一二〇〇リーヴルに上げなくてはならなかった。それでもフリウとの契約はかなりの節約になった。なぜなら、一七七八年にはヴェルサイユとマルリーだけで二万八七三三リーヴルの製品、うち一万二八二九リーヴルが顔料で、一万五九〇四リーヴルが蠟のための費用だったからである。しかし、フリウが損をしたというわけではなさそうだ。フリウの後任となった同業者たち、「管理人室所属の床磨き人」の一人ジャン＝ルイ・メルシエと、自称「国王の居室の床磨き人」マキシム・ヴィベールの二人は、「フリウ氏が結んでいた契約に定められた通りに（中略）顔料と蠟を供給し、作業を行なう」のに八七二〇リーヴル（六名の床磨き人頭に二〇〇リーヴル、王女付き床磨き人に一人あたり十リーヴル、合計で三二〇〇リーヴルを含む）を提示しているからだ。二人はこの数字の中に「フリウ氏のやっていたとおりに蠟を調達し使用すること」と八十ペザントの顔料を含めており、その金額は蠟に三六〇〇リーヴル、顔料に一九二〇リーヴルだった。

一七七八年の交代時との大きな違いは、床磨き人たちの認める事実でさらに明らかになる。「私たちが受け取る蠟は得になる。（中略）国王のための蠟はだいたい四〇〇リーヴルの額、叔母様方とエリザベート王女のために使用する分は一日あたり二〇ソル」

この証言は一七八九年十月二十六日、国王がパリに向けて出発した直後のものだ。つまり、ヴェルサイユでの王政の最期の頃で、床磨き人たちは、宮廷で働く者たちのヒエラルキーの底辺に位置してはいたが、それでもひそかに四〇〇リーヴルを収入に加えるすべがあったということで、これは四十五パーセントの増額にあたる。床磨き人の人数は一七九〇年に減らされ、ヴェルサイユに十名、マルリーと大トリアノンで四名になった。さらに一七九二年には、ヴェルサイユで四名、マルリーで三名、トリアノンで二名が廃止された。

床磨き人たちのしがない同僚である掃除夫たちは、住居手当として九〇リーヴルしかもらえなかった。床磨き人と同様に、チームには六名の掃除夫頭と、数が固定されていない「その他の者」（一七七九年の一覧では三十三名）がいた。当時、掃除夫頭は八〇リーヴルの増額を得た。そのほかに特典はなく、掃除夫頭は年に七〇〇リーヴル、「その他の者」は五八〇リーヴルで暮らさなくてはならなかった。王領地予算から与えられる制服を身につける身分であることだけが、彼らにとって唯一の慰めだった。タイユボスクという名のヴェルサイユの仕立て業者が半世紀近くにわたってこうした制服を納入していた。国立古文書館にある王領地の史料に、この業者の一七八四年の契約が残っている。タイユボスクは、ベストとキュロットの制服一式、素材はスダン産の青色のウールで、裏地は赤色のオーマルサージ、銀色の大きな縁飾りと銀メッキのボタンがつき、さらにキュロットには皮革で裏打ちされたポケットがついているものを一三八リーヴルで用意した。契約に添付されている小さな布地見本が完璧な状態で保存されており、掃除夫たちは戸外で働くのにふさわしい堅牢な布地をしかるべく身につけていたことがうかがえる。

王領地予算では「ヴェルサイユ市の泥とごみを取り除く」ために二名を雇っていた。一人は「ヴェルサイユ宮殿の大小の中庭、宮殿に通じる道路、大厩舎一帯、国王所有の（中略）の館と邸宅一帯のノートルダム小教区側部分」を担当した。もう一人はサン＝ルイ側の担当だった。一人は国王の建物だけを対象としており、町自体には所有者に対する「泥税」と呼ばれる税金で賄われる清掃サービスがあった。しかしアンシャン・レジーム末期になると、拡張の一途だった町のはずれにはこのサービスは行き渡らず、ヴェルサイユの郊外は危機的な状況にあった。

建設部長は、城館外の手入れと清掃、さらに煙突や汲み取り槽といった建築の一部を成すものの手入れや清掃の責を負っていた。また、「城館の中庭のこすり落とし清掃」のために一名を雇い、この毎日の仕事に対していくばくかの給金と、リモージュ館内の小さな住居を与えていた。城館の床磨き人の多くと同じく、ジョワンヴィルと称していたこのブダールという者は、かつて主席宮廷建築家の使用人だった。一七八〇年の請願書によれば、この男は、「七十歳になり、病身で二か所のヘルニアを患っている」にもかかわらず、「四〇〇リーヴルの給金で四十年来、ヴェルサイユの前庭の草刈りを担って」いた。庭が広く、王の居城であっても躊躇なくどこにでも排泄する馬たちに引かれた四輪馬車がたくさん入ってくる場所だったため、これはたいへんな仕事だった。中庭はさらに汚く、一七七四年には総督ノアイユ伯爵が建設部長にこう書いている。

「聖堂の下にあります食膳部の中庭の状態はひどいものです。この庭の溝はまったく流れておらず、水がところかまわずあふれ、よどんで耐えがたい臭気を発しています」

町中でも状況はあまり変わらなかった。建設部長と、その地方行政官で道路や通路に規則を適用する任務を負う監視官の長ドュシェヌは、一七八九年三月、市の「家畜解体業者」の報酬を定めた。

「冬のあいだ、いやそれ以外でも、通りの汲み取り槽に投げ込まれたり、あるいは通りに放置されたりする動物の屍を、義務もないのに取り除くという、この男の仕事は何に値するだろうか」

この家畜解体業者には三ルイ金貨が与えられたが、「今後は、地方行政官または監督官の指示のもと、各視察官が土木工事業者に、即刻動物埋葬場に埋葬するよう命じることとする」ことも定められた。

こうした日常的な業務は、建設部の指揮のもと、専門業者が請け負った年に一度の大掃除に比べればたいしたことではなかった。「大掃除」の必要性は一六四八年という早い時期から認識され、ルイ十三世妃アンヌ・ドートリシュはこれを名目にフロンド党に脅かされるパリから脱出しようとしたのだった。お付きの女官は「ご滞在時つねについてまわる宮廷の不潔な汚れを清掃させるため、パレ・ロワイヤルをお出になりました」と保証した。

それから一世紀以上ののちの一七六九年、財政危機が深刻となり、建設部長マリニー侯爵は城館の総視察官にこう書いている。

「これまで常に、暖炉の配管、竈、庭の敷石、トイレや水道、二重框の設置と修繕、煙突の掻き出し、城館の鏡とガラス窓の掃除は、フォンテーヌブローにご滞在中に行なっており、このための資金はありました。ですから、できる限り早く、二万リーヴルを受け取ることが必要です。支払金がなくては、業者たちは熱意はあっても手立てがなく仕事を拒み、国王がお戻りになっても何も終わっていないということになってしまいます」

煙突掃除夫、ストーブ工、暖炉工

煙突掃除は、暖炉工と煙突掃除夫の仕事だった。「火」の章で述べたように、パリ市の役人たちや国王諮問会議は、十八世紀を通して、配管の取りつけの悪さや詰まりによる火災の危険に頭を悩ましていた。国王諮問会議は、一七八一年、この問題について古い規則を復活させ、さらに新しい規則もつけ加えた。その前文にはこうある。

「パリ市内外の煙突掃除が、知識のない者が場あたり的にやるに任せたり、あるいは煙突を登ることを覚えた子どもがいくばくかの煤の塊を下に落とすことによって掃除を済ませたと考えるような状態が続けば、煙突掃除の目的が果たされているとは到底言えず、安全も保証もない。実際、煙突掃除の目的は基本的に、現状、古さ、性質、露出部、亀裂等や、隣接したり横切ったりする梁の位置、ストーブの配管の質や配置等を検査確認するところにある。ストーブは普及しているが、その利用は公私にわたる安全性の犠牲の上に成り立っているのである」

規則では、パリ市内の各地区に、市民が、煙突掃除やストーブや暖炉の手入れを予約できる窓口を設けてよいことになった。続いて、警察規則によって配管の最低口径が定められ、所有者に対し「少なくとも年に四回、賃借人、又借り人あるいは入居者に、居室その他の煙突の掃除をさせること、大きな台所については毎月とすること」を義務づけた。こうした規律が厳格に適用されたようには思えない。ヴェルサイユの建設部視察官はパリと同様の心配をしており、部局によっては秋の大掃除に備えて暖炉工や煙突掃除夫を雇い入れるところもあった。

一七五〇年代には、ジョセフ・メレという暖炉工が、亀裂を埋めるのに使う石膏代は別途請求する条件で、八〇〇リーヴルで城館の煙突を担当していた。メレは一七五五年には大トリアノンの煙突掃除も依頼され、四〇〇リーヴルを得ている。一七六五年には、ジャック・ボスがメレの後任となり、メレは後任者の受け取る一二〇〇リーヴルの中から終身年金として四〇〇リーヴルを受け取った。ボスは同じ額で契約を更新したが、支払いは五年近くにわたって放置された。ボスはさらにベルヴュー、サン＝ユベール、サン＝ジェルマンの煙突掃除も請け負い、ヴェルサイユ市内に国王が所有する建物の清掃についての二二二一リーヴルを含め、その請求額は一万五一六リーヴルにのぼった。こうした支払いの遅れはよくあることだった。一七八二年、ボスは業務を続けつつ、未払い金の請求をし続け、その額は七七三二リーヴルだった。城館の煙突掃除に支払われる給金を一六〇〇リーヴルに値上げすることも要求していた。三〇〇リーヴルと二〇〇リーヴルで二名の助手を雇い入れており、その他に食事手当として一日あたり一リーヴルと、三部屋の住居の賃料とを支払っていると説明している。

建設部は常勤の煙突掃除夫頭を雇っており、煙突から火が出て消火され、修理が必要となったときにはいつでも駆けつけられるようになっていた。建設部の煙突掃除夫を名乗るジャック＝アントワーヌとジャン＝ジョセフというプラドラン家の従兄弟の二人が、一七七五年に資格証を受け取っている。二人は、三世紀前までさかのぼる、王族付き煙突掃除夫の家系に属すると標榜していた。その裏付けとなるのは、一七二三年にジャン・プラドランという者に資格証が与えられ、一〇〇リーヴルの給金が割り当てられたという事実である。

プラドラン家の二人は、一七六八年、大共同棟の最上階、天井部屋から上る三つの小部屋に入居していた。二人の長きにわたる勤務は、確かに二五〇リーヴルの賞与以上のものがあった。一七七五年、業務を円滑にするために特別の服装を要請している。

「日夜を問わず、火によるあらゆる事故に備え、国王、王妃、王族方のところに参じるという業務の性格とその確実な遂行のため、私どもはあらゆる場所で入場を断られるという憂き目を耐え忍んでおります。こうした状況でございますので、今後業務の遅延と面倒を避けられますように、パリの同業者と同様に、労働者たちの長としてふさわしい服装を身につけ、より円滑に業務に励むことができるようお願い申し上げる次第でございます」

制服の必要性は認められたが、その価格と内容が議論となった。裁断と袖飾りはほかの小官吏たちのヒエラルキーの一部に組み込まれており、価格についても、制服の支給は報酬と考えられるために同様の考慮が必要だった。ドゥシェヌは、建設部の地方行政官として、プラドワンの直接の上司にあたっており、建設部長アンジヴィエ伯爵にこう提案している。

「私は、別の仕立屋に、城館の二人の煙突掃除夫頭の服装の詳細について問い合わせいたしました。七八リーヴルの単なるジュストコール〔男性用ひざ丈コート〕だけの服装は長としての地位にふさわしくありません。一二八リーヴルの銀色の中程度のジュストコールを与えられている庭師や配管工と混同されず、しかも中程度の価格の制服で区別するのがよいとのお考えでしたら、銀メッキのボタンのつき、ボタンホールなしで小さなガロン〔縁飾り〕のついたジュストコールがよいかと存じます。ガロンの見本が添付してありますが、これは運河の水夫が揃いのマントの袖の上につけているものです。部長の方でもう少し違いをとのお考えでございましたら、アマディス袖〔肩近くまでふくらみ、袖口まではぴったりしていて、袖口にカフスのついた袖」にすることもできます。この制服ですと、だいたい九〇から九二リーヴルですので、仰せになられた節約の観点からも好ましいかと存じます」

このスタイルは承認され、同じく制服の権利を持ったボスも一七七七年に「煙突掃除夫と同様の銀色の小さな縁どりのついたジュストコール」を着用した。

プラドランには批判もあった。一七八〇年、総視察官ウルティエはドゥシェヌに、プラドランが信用を悪用し、業務に二四リーヴルから三〇リーヴルを要求していると伝えた。

「私はこの者は優秀でよい使用人であると常より考えていますが（中略）、ただ慎みの足りないところを不満としております。（中略）業務の成功と評判の維持のために努力を惜しみませんし、暖炉工として任命しますと二重雇用になります」

ウルティエは、プラドランが暖炉工ボスと同様の契約を結ぶことを提案したが、矜持ある煙突掃除夫が予算内の額を受け入れるかどうかには疑問を付した。確かにそれは正しかったようで、二人は別個の地位を維持した。これもまたヴェルサイユの改革挫折の一例である。

窓の修繕と清掃

一七八八年、建設部長アンジヴィエ伯爵は国王に対し、窓と鏡の毎年の清掃と整備、城館と国王所有の建物のいわゆるガラス仕事は、「百年以上にわたり父から息子へと業務を受け継いできた二つの家が担当しており、その名はモンティニー家とジェラルド家である」と述べている。前任の建設部長テレー神父とアンジヴィエ伯爵自身が、このサービスを受けられる官職を減らしたため、業務の負担はかなり軽くなっていた。当時は窓枠の上を滑る形の窓はとんどなく、框によって多くの窓の清掃がはやりやすくなっており、使用人でも手が届いた。毎年の大掃除だけが、多少なりとも修繕を伴い、予算にとって重要だった。一七七三年には一万八〇〇〇リーヴルが計上され、うち二分の一だけが国王の居室に直接関連するものだった。

これをもとに、ある記録によれば、「男系王子王女や高貴なご身分ゆえに入居されている方々の居室の板ガラスについては、行政サービスの対象となってはおりません。（中略）大臣その他高官についても、その立場に鑑みれば、この点から、あらゆる異議を退けるところです。今後は、板ガラスにかける費用を、その立場と職務からこの点について特別な権利を有する国王陪食官、官僚、職員、使用人のために振り向け得るかと存じます」

費用はかなりの額にのぼり、業者はめったに支払いを受けることができなかった。一七八一年、城外のガラスの保守契約を結んでいたモンティニーの未亡人は、勝つ見込みのない訴えを起こした。娘の結婚を前に、その持参金のため、一七七八年来の業務に対する支払いのうち少なくとも一部を必要としていたからだ。そのメモには、一七八〇年に一万一五五四リーヴル、一七八五年には一万七九三三リーヴルという数字が出ている。これに加え、司祭方とヴェルサイユのノートルダム寺院の窓の修繕が年に五五〇から七五〇リーヴルで、この請求が累計で九万六九五六リーヴルとなり、そのうち一七七五年から一七七九年のあいだに一万六七〇〇リーヴルだけが支払われていた。平均すると、この業務に対して国王は年に一万六〇〇〇リーヴル負担していたということだ。未亡人はこの件を息子に託したが、この息子について建設部長アンジヴィエ伯爵は一七八八年に「三十五歳のよき働き手で、賢く信頼に足る」と評価している。建設部長にとってこの最後の点が一番重要なことだった。ジェラルド家はこれほど恵まれてはいなかった。父は「処分にあい幽閉」され、母は訴えを受け継いだものの死の床にあり、十五歳の息子と、プラトーという名の「下級官吏か使用人頭」が残された。部長の説明では、このプラトーは「息子が業務を継ぐ年齢になったときに共に働けるよう」業務の継続を望んでいた。建設部長アンジヴィエ伯爵はこれに異議を唱えた。

「証言によれば、プラトーは活動的で注意深く、勤勉な働き手ということです。しかし、まったくもって自身の財産を持ち合わせず、手持ちの資金がきわめて必要とされるこの仕事についてはきわめて信用を欠くといえます」

王政が破綻に瀕している中で、信用を欠く業者は建設部にとって差し障りがあった。こうしてアンジヴィエ伯爵は国王に対して、プラトーに「仕事を続け生活するだけの少々」の仕事を与え、「もっと多くの仕事を望んでおり、信頼して任せるに足る資力を持つモンティニーにはより多くを」任せるよう提案した。ジェラルドの未亡人が一七八八年に死亡すると、プラトーは十万リーヴルの相続金を要求した。建設部の事務員が記録を調べ、請願書にこう書きこんでいる。

「この数字はたいへん誇張されているようです。実は一七八七年の数字が見つかりませんが、それでも一七八七年一月の時点で債権は五万三〇〇〇リーヴルにしかすぎません」

結局仕事は分割された。モンティニー家は城館の南側、オランジュリー、動物園、それにサン＝ルイ地区の国王所有の建物の担当となった。ジェラルド家には城館の北側、大小トリアノン、ノートルダム小教区内の国王所有の建物が割り当てられた。

汲み取り槽からの耐えがたい臭気

一七八〇年には、城館の区域に二十九の汲み取り槽があったが、その害は耐えがたいもので、汲み取りにもたいへん費用がかかった。ある記録によれば、「通常のやり方は不便きわまりないもので、鉛で封印された槽を開けたとたん、最初の蒸気に窒息死した労働者もいる。家に住む者や地区の者にとってきわめて有害なだけでなく、病床の者や妊娠中の女性のなかには死者も出ており、汚水が通りにあふれたり、雨樋に物質の化合物が気化してヴォールト〔アーチ型の天井〕に上昇しそれを傷めたり、夜間の住民の眠りを妨げた。さらにはしばしば家を開け放たなくてはならなくなるという不便や、こうした蒸気が家のさまざまなメッキを傷めるという損害もひきおこした」

汲み取り槽の中に下りていかなくてはならない汲み取り人の仕事は「恐ろしい拷問」と考えられていた。一七六一年、フランス衛兵隊駐屯地の下に位置していた排水渠の汲み取りについて、視察官がこう報告している。

「光が入らないため、仕事をするには二つのカンテラを使い、悪臭に耐えきれない労働者のために気付け用のブランデーを用意しなくてはなりませんでした」

汲み取り槽の処理がされないと、王族でさえ不便を被った。一七六〇年、建設部長マリニー侯爵は総監督官に宛ててこう書いている。

「国王陛下は四月十四日から五月二十四日までマルリーにご滞在です。このご行幸は、王族方が悪臭の害を被らないよう、ほとんど満杯となっている汲み取り槽と汚水溜の汲み取り作業を即刻行なわなくてはならないためのものです（以下略）」さらに「庭にある汚水溜については、臭気がひどくなっている開口部を廃止するため、水が流れるようにしなくてはなりません」ともつけ加えている。

その二年後、国王の秋のフォンテーヌブロー滞在中に汲み取り槽が空にできなかったため、国王はまたマルリー滞在を余儀なくされた。一七六九年、マリニー侯爵は視察官にこう書いている。

「私の聞くところでは、国王陛下は、陛下の居室に隣接する小さな庭から来る悪臭について何度かご不満を述べられたという。これはそこで行なわれた汲み取り槽の汲み取りによるものではないかと思うのだが」

続いてマリニー侯爵は「悪臭を残さない機械」の開発計画について触れている。これは、今でいう換気扇のことだ。部下は返信で、王女の庭の汲み取り槽は隔週で汲み取り作業をしており、「必要な場合はそれ以上の頻度で」行なっていると回答している。そして、「送水管は長すぎるので、ご指摘の機械は、汲み取り槽の場合のようには効果がございません」とつけ加えている。城館の小中庭の汲み取り槽はたいへん小さい上に設置場所も悪かったので、年に一度の清掃では足りなかった。このほか、宮廷がヴェルサイユにないとき、通常は夏、国王がコンピエーニュに滞在中に汲み取り槽の清掃が行なわれた。しかし、臭気は常に大きな問題で、一七二二年にヴェルサイユに宮廷が戻ってきたのち、そして十八世紀を通して、悪臭は病気の源と考えられるようになった。

一七七九年、ローラン・ダルトワは特許状を交付され、十五年間にわたり「換気扇を用いて、便槽、井戸、汚水溜の汲み取りを行なう」独占権を与えられ、「従来の方法でパリ市内および郊外においてほかの者がこれを行うことを禁じ、違反者には差し押さえ、没収および一〇〇〇リーヴルの罰金が科される」ことになった。さらにダルトワの代理人たちは、この独占権を一七八〇年から十五年間、ヴェルサイユにも拡張し、さらにパリの最初の期限一七九四年をさらに十五年間更新することを求めた。これは明らかにやり過ぎだった。一七八二年、建設部はジャマンという名の業者によるもっと簡素な手法に関心を寄せた。ジャマンは汲み取り槽の清掃にあたって酢の効果を標榜し、科学の進歩に好意的な人々の好感を得た。クロイ公爵は日記にこう書いている。

「ジャマン氏が発見した、弱い普通の酢を使って糞便を中性化し、臭いを取り除くという手法が噂になっている。ドゥ・ヴェルジェンヌ氏がこれを支持している。なかなかいいことだと思われるが、この考えを熱狂的に支持する者が、ことをだいなしにしている。アカデミーに書簡を送ったが放置されたためいらだち、警察官を立ち合いに、通気の悪い場所で非常に状態の悪い汲み取り槽の消毒をしてみせたのだ。結果、一人が亡くなり、四人が重病に罹った。発明した者は罪に問われ、せっかくの発明がだいなしとなった。私はこの方法をあちこちで試し、いつもとてもよい結果を得た。ブレストには船の消毒のため記録を送った。私たちの病院にとっては素晴らしい方法で、利点が大きい。酢の小瓶の三分の一を二日に一度、灌水器を使って空気中に拡散させるだけでいいのだ」

建設部の視察官たちはこの新しい手法に興味を示し、ジャマンは三月のある日、「閣僚の中庭」と呼ばれる城館の中庭の南階段の下にあったフランス衛兵の昔の兵舎に視察官たちを集めた。この実験について、総視察官ウルティエはあまり功を奏さなかったとして、こう証言している。

「ジャマンという者の無害化実験を観察するため足を運びました。汲み取り槽に酢をたらせば、すぐに悪臭が消えるというのです。私は六パイント入っている酢の瓶を探しに行き、それが汲み取り槽に注がれました。アーチ部の下で、六、七分ほどでしょうか、ジャマンという者のいう通りの効果が現れるかどうかみなで待ちましたが、臭気と酸の混じった空気でもはやそこにとどまることができず、吐き気を催して急いでそこから脱出しました。この混じった空気を吸うなら、糞便の臭いを嗅ぐ方がまだましです」

ウルティエはジャマンの実験を失敗と結論づけた。「ジャマンという者の方法は、付近すべてを汚染から守るというものではないから」だった。

一方、換気扇の業者も満足いく結果を出しているわけではなかった。ウルティエはこう書いている。「この業者の職員は、もう長いあいだ、事務所にも送風機のところにも姿を見せておらず、ましてや以前、アノツェという者の労働者たちが行なっていた清潔さを保つための手入れすらしていない。それに、職員の無礼さは稀にみるほどである」

部長は副部長に「換気扇業者に厳しく話をするよう」命じた。パリからは、独占権を持つ業者から訴えがあった。ゴミ捨て場までの道がたいへんに悪く、車一台に四頭も五頭も馬が必要で、積載量も三分の二しか載せられず、ぎりぎりまで引っ張るので引き具が傷み、業務が遅れるというのだった。訴えによれば、フォンテーヌブローへの宮廷の移動がさらに状況を複雑にしており、新しい馬具を見つけることができないというのだ。さらに、ヴォワルという者は、負債を理由に「忠実でない職員」としてこの会社から解雇され、業務の遂行や会計をもはや監督することができそうにないということだった。

ヴォワルという者の「より清潔かつ経済的な手法」

犯したまちがいが何であれ、ヴォワルは真の発明家としての才能を持っており、どうも負債を負った理由は、勤めている換気扇会社よりもずっと効果のある方法を自分の負担で開発しようとしたためらしい。建設部は、この会社の独占権の主張を常によく思っておらず、「忠実でない職員」であるヴォワルの提案に耳を貸し、一七八四年にそのシステムの効果を実証することを許可した。ヴォワルの原理は今日でも使われている。バケツを持った労働者を汲み取り槽に送るかわりに、彼はポンプを使ったのだ。

視察官たちが見たのは、「便槽の汲み取りを、より清潔で労働者の健康を損なわず、これまでのどの方法よりも、換気扇よりも経済的な方法を使って行なう」ものだった。

「いくつかのタンクを乗せた車が庭に現れる。タンクのいくつかはすでに満杯だが、まだ余裕のあるタンクもあり、その中身は汚水だ。この庭の建物の汲み取り槽から、ポンプと革製のホースを使って汲み取ったもので、ポンプが設置されているトイレ自体は少々臭いがするが、我慢ならないほどではなく、働く者に有害でもないし、タンクが載っている車が近づいてきてもまったく臭いがしないのだ。（中略）汲み取り槽に人は降りて行かないので、窒息の危険にはさらされない。ポンプと汲み取り槽をつなぐホースは入念に準備されており、臭いがまったくない上に手法も簡単なため、いつでも汲み取りを実行でき、汲み取りの最中でもトイレを使うこともできる」

試験は翌年も繰り返され、視察官は建設部長にこう報告した。

「前回ご覧に入れました記録以来、私どもはあふれて近辺が汚染されるほどに満杯になっていた便槽二つを汲み取りさせました。一つは王妃付き台所の下、もう一つは薬剤師の中庭の中です」

またもや実演は成功だった。「この二つの便槽はいとも簡単に空になり、臭いもほとんどしませんでしたので、台所の仕事もほんの一瞬も中断されることはありませんでしたし、（中略）周囲にも汲み取りが行なわれていることをほとんど気づかれないほどでした」

報告書では、迅速にヴォワルを雇い入れることを勧め、その理由として二つ挙げている。「私どもが雇う労働者の中で、この苦労な汲み取り作業に携わろうとする者を見つけることがたいへんに困難であること、そしてヴォワルという者が現在貧困にあえいでいること」

ヴォワルはすぐに、雇用と給金を申請し、年末には見積書を提出した。「一トワーズ（一トワーズは一九四センチ九ミリ）あたり四五リーヴルで、一八トワーズ五ピエ六プース五リーニュ（一リーニュは十二分の一プースで約二ミリ）の汲み取り」で、計一三〇一リーヴルとなっている。

窒息の危険のある地下の暗闇で計測を行なうことは難しく、見積もりにある汲み取り槽の深さもいろいろだが、科学的な意味があまり見当たらない考古学的発掘作業をしない限りは、この分野について現在入手できる唯一の史料であるヴォワルの数字に頼るほかない。ヴォワルは合計で十の便槽を五二〇立方メートル、その表面積が八六三四平方メートルと見積もっている。なかにはとても小さなものもあった。閣僚棟の左棟、ブルトゥイユ男爵の住居を見下ろす位置にあったものは、たった七七平方メートルだった。一番大きかったのは、王妃の大理石の階段の下にあったもので、不規則な形で二一四七平方メートルあった。傾斜地の下に掘られた汲み取り槽は、広いが浅く、多くが舗装面のすぐ下にあった。土に液体を浸み込ませることのできるシステムがなかったため、こうした槽はすぐにいっぱいになり、庭にあふれ出し、果ては台所にまで達した。

ヴォワルは、建設部に業務を提供していたほかの者と同様、いくどにもわたって支払いを請求しなくてはならなかった。ところが、その成功はあまりに遅すぎ、一七八七年にヴォワルが死去すると、家族は窮乏にあえいだ。ヴォワルの方法を利用するために設立された換気扇会社は、一七七四年から一七八六年までのあいだに一一〇万七二二リーヴルに上る請求書を提出したが、支払われた金額は半分にしか達していないと主張した。視察官は会計を調べさせ、「金儲けを企むペテン師の集団」に対する国王の負債は、価格調整をしても一万四一三三リーヴルしかないと推計している。

便槽の汲み取り契約はそののちベルトランという者と結ばれた。それでも建設部は旧来の換気扇会社との関係を切ることができなかった。同社は、一七八七年十一月の公開状を建設部長アンジヴィエ伯爵に送り、建設部で働く権利を主張した。アンジヴィエはこの主張に反対し、「換気扇担当の称号のもと、価格を誇張し、不和と怠慢と不快なサービスによってその称号をだいなしにした者が手にした額を税金で支払わされた」としている。

一七八八年一月、アンジヴィエ伯爵は宮内卿に対し、ベルトランに汲み取り業者の特許証を与えるよう求め、「業務に就く労働者は一人だけでよい。知的でありかつ経済的であるという二つの利点を兼ね備えた方式」だとした。さらに、「私といたしましては、公開状の効果は、業務上または国王陛下の利益に反して与えられた者には及ばないと考えます。私が彼らを使わなくてはならないという場合には、局のあらゆる仕事に適用される規則に基づいてのみ支払いをするため（中略）公開状の料金とは違ってもよいと考えております。（中略）私は、ヴォワルの持つ特許状または免許状をベルトランに発送し、新たな特権者の嫌がらせを受けなくてすむよう、重ねて主張したいと存じます」

一七八八年、シュールアンタンダンス館の上のトイレが限界を超える状態になったとき、最終的な解決策として、近代的な腐敗槽〔有機物をバクテリアによって分解して清浄する浄化槽〕が初めて登場する。この城館の中心的な居室には、国王の弟、当時のプロヴァンス公爵、のちのルイ十八世が住んでいた。ところが、その上の屋階の便槽は漏り、一月のある日、宮廷シーズンまっただなかに汲み取り槽は満杯になった。視察官は報告書にこう書いている。

「殿下の城館の便槽は満杯です。（中略）ご旅行中にしかこれを汲み取りできないため、殿下ご夫妻の居室で配管が詰まり、たいへんなことを引き起こす心配のあるトイレの入り口を封鎖するよう提案いたします」

その翌日、「殿下ご夫妻の近くにいる誰もがこの入り口について不満を唱えていることを申し上げざるを得ません」

提案された解決策は、すでにスイス衛兵隊駐屯地と王族棟の回廊の下にある汲み取り槽でも行なわれた策だった。

「汚物をためる汚水溜を戸外に設置し、土の上を水が簡単に流れるようにします（中略）。シュールアンタンダンス通りに設置することもできますが、注意を払って成し遂げれば、閉鎖を余儀なくされるトイレは、その後数年は汲み取りの必要がなくなるという利点があります」

これはまさに、腐敗槽の原始的なものだ。液体の大部分は別のタンクに導かれ、そこから土に浸み込む。こうして、便槽の固形物を除去する頻度を減らすことができるのだ。ただし、城館のトイレの排水渠のすべてにこれを計画するには至っていなかった。

ベルトランは、王族がパリに出発したことで困難が生じたにもかかわらず、業務を果たした。しかし新しい風には反対者はつきもので、総視察官ウルティエは一七八九年十月七日にこう述べている。

「今朝がた、私が家に戻りますと、有害物対策の汲み取りの一団が、パリ市の係を筆頭にして、たいへん強い調子で、かつ大胆に、城館の便槽の汲み取りのためにベルトランを雇い入れるとは何のつもりだと言います。（中略）この男の思いもよらない言いようが私の気に障りました。私はこの男に、お前に説明する必要はないと言ってやりました。この男はおそらく、優遇されている換気扇業者の長なのでしょうが、存分に脅しをかけたのち、最後は国王陛下に報告書を出す、味方になる後ろ盾があるんだと言い捨てました。まったく見たことないような横柄さでした。（中略）私は扉をぴしゃりと閉めてやりました」

おびただしい数のネズミ

年に一度の大掃除が、城館からネズミを一掃するチャンスだった。この有害な齧歯《げっし》類は、王族棟の食膳部の中庭を囲む職務室や、大共同棟の台所に大きな害を及ぼしていた。一七四一年、王妃付き台所で働く官僚たちは、三十九年来改装が行なわれていないと不満を申し立てた。敷石は「土台が腐っており、ネズミがこれを助長している」ので取り替えてほしいと述べ、「敷石の下にはおびただしい数のネズミがおり、百匹近くを殺しました。ネズミの数を減らす対策をとらなければ、かなりの数のネズミがほかの職務室に移り、さらにそこで繁殖して、駆除するにはすべてを補修しなおさなくてはならなくなってしまいます」

視察官は報告された場所に急いで赴いた。「王妃付き食膳部の官僚たちが訴えてきた害悪のもとはこのネズミです。私が昨年改築させた階段は、その下にネズミがつくった巣穴でほとんど食い荒らされてしまっており、この破損でダメムという者の次男坊が命を落としました。（中略）ネズミが増えれば、さらに損害が倍以上になるとしても驚くにあたりません」

敷石の敷き直しはその場しのぎの方策でしかなかった。特に、庭の高さには食料品の貯蔵庫があり、ネズミを引き寄せ続け、城館への食糧補給の妨げともなっていた。こうしたなか、一七六三年、建設部は、自称ハンガリー王妃からの年金受給者、ザムエル・ヒルシュという「ネズミ退治屋」を迎えた。この男を推薦したのはポンパドール侯爵で、侯爵のエルミタージュの隠居所で雇い入れて「大きな成功を収めた」というのだ。ノアイユ伯爵は建設部に、このヒルシュが「人には害を及ぼさない粉を使って、確実にネズミを退治する秘密」を持っていると報じた。ネズミ退治屋ヒルシュは毒粉を重さ六〇リーヴルについて一〇リーヴルの額で売るのと、その粉の調合の秘密を五万リーヴルで教えるのとどちらがよいかと提案した。城館の視察官はまだ懐疑的だった。値段は高く、建設部の台所はいつも火の車だったからだが、視察官はネズミが国家的規模の問題であることを理解していた。

「王国の全域（中略）、さらには港や植民地にまでこの動物がおり、支出についてはショワスル侯爵（陸軍卿）と財務総監にも関わってくるに違いありません」

ヒルシュは、支払いに完全には納得しないまま、一万一三四〇リーヴルを懐にブリュッセルに行ってしまった。建設部長マリニー侯爵がこの男を三年おきにしか雇わないと決めたからだった。ヒルシュは翌年戻ってきたが、建設部はこの一報を皮肉な調子で国王に報告している。

「ユダヤ人ザムエル・ヒルシュ、ネズミ退治の名人が現在フランスにおり、ヴェルサイユの庭園で通年雇い入れれば彼の願いどおりというところでしょうが（中略）、年金を与えない限り、完全にここにとどめることはできないでしょう」

ネズミ退治屋は今回は三〇〇リーヴルを手にした。一七六五年にも、この男はまだ取引業者の一覧に載っており、視察官がこう記している。「ネズミがまたもどってきているようです。城館からネズミを一掃するには、王令により侯爵殿下がザムエル・ヒルシュ氏に年に八〇〇リーヴルの固定給を与えることが重要かと存じます。（中略）王太子夫人や王女方からすでに何度も訴えをいただいております」

一七六八年、ほかの発明家が「王族方の住居や庭や畑を荒らす、ネズミ、ノネズミ、オオヤマネを駆除する新しい方法」だという報告書を出した。キジ飼い場で行なわれた実験は、建設部長を説得させるには至らなかった。部長は視察官にこう書いている。

「この発明が、ヒルシュという者の手法とほとんど変わらないものかどうか（中略）ご留意ください。報告にあるように、このユダヤ人の毒薬にもかかわらず、ヴェルサイユの城館には数多くのネズミがおります」

「ネズミ退治の名人」の処方が何にせよ、ネズミ類を完全に駆除するのには十分ではなかった。放浪をつづけるヒルシュの居所はわからなかった。おそらく、建設部からの四六二四リーヴルの支払いが滞っていたからだろう。ほかの未払いの債権を持つ人々と同様に、ヒルシュには五年分の年金も、年に八〇〇リーヴルの移動費も、提供した毒薬、おそらくかなりの量に上る分の代金も支払われていなかった。一七六六年から一七七一年のあいだに、ヒルシュはヴェルサイユ城外の監督官に対して、十九リーヴル半つまり九五キログラム分を提供すると約していた。建設部にとっては、支払いの遅れは理由にはならず、一七七五年十月、建設部長アンジヴィエ伯爵はパリのジェオフロワ＝ランジュヴァン通りにあるヒルシュの住所宛てこう書き送った。

「ザムエル、十月五日に私が命令を言い渡し、貴殿が履行を約束したにもかかわらず、貴殿がヴェルサイユに姿を見せることなく、仕事を行なっていないため、ネズミによるかなりの被害が出ていると聞き及んでいる。たいへんに残念だ。私としては、年金を廃止し、その他貴殿に所属するものを保留するよりほかない。これより貴殿が宮廷に出頭するまでのあいだ、貴殿の手法による異論なき〈成功〉が証明されない場合には、この処分を行なう。何ら実際の効果のない秘密のために国王陛下が貴殿に年金を与えるのはまったく意味のないことであるから、〈成功〉と述べているのだ。処分を与えるのは私の好むところではないにしても私は処分を与えることができる。この書簡に十分注意するように」

ところがアンジヴィエ伯爵は、自分の愛人だったマルシェ夫人が、居室にネズミが出ると訴えたとき、パテ状の駆除剤の効果を自分自身は信じていなかったことを忘れてしまったようだ。デュファン夫人が「お人よし」と呼んだアンジヴィエ伯爵は愛人に献身的でのちに結婚することとなるが、即座に次のような指示を出した。

「国王陛下のヴェルサイユの城館内でネズミがたいへんな被害を出しているという詳細を受け取っている。特に、マルシェ夫人の居室では、家具に大きな被害が出ているということである。ユダヤ人ヒルシュは、私の出発数日前に、効果的に業務を遂行するためヴェルサイユに赴くべく具体的な命を受け、その履行を約した。私はヒルシュが現れていないと聞き及んでおり、現実に目を向けさせるような方法でヒルシュに不満を述べ伝えた。じきにヴェルサイユに姿を見せるはずである。ヒルシュが到着したら、一人をつけて研究の成果とその薬剤の使用を検証させるように」

ヒルシュはつかまらず、アンジヴィエ伯爵は昔ながらの方法を取ることを認めた。

「マルシェ夫人の居室に誰か有能な者を遣わし、石膏と砕いたガラスで穴を塞がせること。（中略）ネズミはあとで退治する」

ヒルシュの毒薬ほどの効果はないにしても、この手法は一七四八年の視察報告書に書かれたものよりはましだった。「王妃殿下は、ネズミが登ってこられないよう、小部屋の板張りの後ろに木の角材を置くことを強く求められましたので、そういたしました」

一七七五年の終わりに、ヒルシュは、一七六六年から一七七一年までのあいだに城外部に提供した分について六八四リーヴルを受け取った。ヴェルサイユはヒルシュが夢見ていたような打ち出の小槌ではなかったが、それでも一七八八年で死亡するまで仕え続けた。その年、アンジヴィエ伯爵は「ユダヤ人サミュエル・セルフ（ザムエル・ヒルシュのフランス風の名であることはまちがいない）に、ヴェルサイユ県内のネズミ駆除」を命じている。請求額は高額で、四分の一勤務《カルティエ》ごとに一二〇〇リーヴルだった。

アンジヴィエ伯爵は過去のネズミ退治屋との苦い経験から疑い深くなり、こう念を押している。「サミュエル・セルフによる仕事が期待に沿わない場合には、本委任を撤回することをここに明記する」

洗濯

洗って干す場所を求めて右往左往

百段階段の上から見たオランジュリーの前庭
© Sanjiro Minamikawa

宮廷の洗濯物をどこで洗って乾かすか?

身体まわりの衛生観念が進歩し、摂政時代〔ルイ十四世没後のオルレアン公フィリップの摂政時代〕にドイツ人ナイメッツが著した『パリ滞在記』は、こう注意を呼びかけている。「身体の清潔や衣服についた手垢に十分注意するように(中略)。上質の下着を身につけ、毎日白くしておくこと」

身分ある者は、肌着、靴下、ハンカチ、それにズボン下(当時はまだ珍しかった)をことあるごとに取り替えた。個人の衣裳部屋が発達し、着替えが頻繁になると、洗濯は大きな課題になった。パリでは、洗濯女たちがセーヌ川に係留された平底船で、水の流れを利用して洗濯をした。同様に、建設部は、国王のショワジー滞在に際して同じ目的で船を停泊させた。サン=ユベールでは「日によっては風が強く洗濯物を飛ばし、船がなくてはそれを回収することができないので、紛失に備えて」二台目の船も用意した。

年代が下るにつれ、町と宮廷の洗濯物を洗って乾かす場所を見つけるのは、だんだんと難しくなっていった。一般向けの洗濯屋だけでなく、国王の肌着を洗濯する「お召し物」洗濯係や小間物洗濯係にとっても同じことだった。洗濯係の官職は売買され、半期勤務の二名が官位を持っていた。その認証には四〇〇〇リーヴルから六〇〇〇リーヴルかかり、十八世紀には二つの家系が四世代にわたってこの職についていた。ベリー家は一六八一年から、リュシエ家は一七〇三年から一七七七年までだ。彼らは職務についているあいだは、シャンセルリー通りのデュラス館にある二部屋と二つの中二階に住み、一七七二年までは複数の貯水池が与えられていた。その水は鹿園の貯水池から引かれているもので、一七二二年に宮廷がヴェルサイユに戻ったとき、聖堂の洗濯物を担当する正式な洗濯係と、摂政夫人だったオルレアン公爵夫人の洗濯係もこの水を使用していた。

ルイ十四世が逝去したときの国王の肌着洗濯係は、マルゲリート・ネレという者だった。その娘のカトリーヌが一七一六年からルイ十五世のための職務の補佐を務め、一七三五年に王太子と王子王女のための洗濯係に任命された。一七四七年には、務めは三代目に受け継がれ、当時十七歳だったアンヌ・ジュヌヴィエール・モリエールが働くようになった。報酬は一六〇〇リーヴルで、うち給金が六〇〇リーヴル、食事手当と洗濯手当が一〇〇〇リーヴルだった。一七五八年になるとこの官職は廃止された。一七二二年に宮廷がヴェルサイユに戻ったとき、国王の肌着洗濯係は昔の総督館の裏庭に面した二部屋を与えられた。そのうち一棟には「石鹸用暖炉〔昔の石鹸は油脂と灰汁を使ってつくった〕」がついており、洗濯係はこの上に住んでいた。この古い建物群と旧フレノイ館はムシュー通りに沿っており、首席近侍ティエリー・ドゥ・ヴィル・ダヴレーが住むための新しい翼棟が建設されるにともない取り壊された。その結果、国王付きの洗濯係に与えられていた設備はなくなってしまった。官職が廃止されても仕事はなくならないので、一七八二年には国王のシャツや私的な洗濯物は、いっとき人厩舎で洗濯されていた。

肌着洗濯係は不満を持っており、視察官が建設部長にこう伝えている。

「デパーギュという女が（中略）、ランベスク王子より、国王の大厩舎の大庭の共同洗面所で肌着を洗う許可を得ましたが、ほかにも複数の洗濯係が同様の権利を不当に取得していたためランベスク王子は許可を取り消されました。デパーギュは、以前大庭の共同洗面所で利用していた水がまた使えるよう、部長より命令を出していただきたいと申しております」

状況を確かめた視察官は、その状況に不満を述べた。

「大厩舎内に部長の命で共同洗面所が設置されて以来、大庭の設備を利用する必要はなくなりました。乱用はたいへん有害でございまして、水を横取りしている多数の洗濯係だけが大量の水を使っているという点、この洗面所のまわりの敷石、さらにはこの洗面所が隣接している大きな壁にまで損害が広がっているという点です。水回りに関する精査を担当します視察官としましては、部長様より、厩舎係の方々に状況の実効的な改善を真剣に申し入れるようお願いせざるを得ず、その結果ランベスク王子が上記の洗濯係たちに与えた許可をお取り消しになりました。さらに王子は、大庭の洗面所に引かれていた水をやめることにも同意なさっております。厩舎の給水は水道管で行なわれており、厩舎内の四つの共同洗面所に水が引かれております」

つまり、反対の一番の理由は、国王の肌着を馬の水飲み場で洗うという点ではなく、きれいな水が洗濯ごときに浪費されるという点だったのだ。

洗濯係には「ラヴァンディエ」と呼ばれる大物担当と、「ブランシスーズ」と呼ばれる小間物担当があった。大物類は、国王のリネン類、シーツとタオルの総称だが、食卓で使う布類は食膳部の洗濯係が供給し洗濯も担当していた。

建設部は、城館から見えるところで洗濯することを許可していなかった。七八一年、「国王および王族の子女方の家具倉庫のカバー類担当洗濯係」と称するルイ・セーニュは、サン=クロード通りの自宅前で乾かしていた布類を取り除くよう命を受けたことに異議を唱え、「請け負った洗濯物が汚されたり傷んだりしないようにするには、自宅の前で目の届く場所に乾かす以外に方法がない」と訴えた。視察官から報告を受けた部長は、条件として「その者の自宅前、通りと城壁のあいだにある、敷石を敷いていない部分」に限り、洗濯係が洗濯物を干すことを許可した。

もっと繊細な布類、たとえばシャツ、リボン、カフス、ハンカチなどは、より丁寧な扱いが必要だった。ルイ十四世が即位してまもない頃は、糊付けしたレースのカラーが流行しており、おそらく「国王付き衣裳係アイロン担当」の称号を持つ官吏に託されていたと思われる。やわらかな素材のネクタイが流行すると、アイロン担当は「ネクタイ担当」とネクタイの調達係に代わったが、石鹸と糊のための手当は支払われ続けた。従来の分業システムでは、ベリー家とリュシエ家が国王のベッド回りの洗濯物を手入れし、ネレ家が、今日、肌着と呼ばれているものを手で洗っていた。

王妃マリー・レクザンスカ専属の一連の官職が創設されたときには、洗濯係一名、繊細な洗濯物を扱う「小間物担当洗濯係」一名、王妃の衣装係の予算に組み込まれた特任の官職である「アイロン係」一名が配置された。ル・モワンヌ夫人は肌着の洗濯係で、ミショー夫人が小間物担当だった。この官職はレクザンスカの死去まで維持された。ミショーの遺族はのちに、文官一覧担当の清算人に提出した請求で、損害を被ったと訴えた。革命派の機嫌を損ねないような言葉を選んで書かれているとはいえ、この文書からは、重要な地位に新たに就いた者、たとえば倹約家で徳の高かった、王妃付き衣装係女官ヴィラール公爵夫人のような者が、前任者に忠実な部下たちの権利の主張と、新しいチームをつくるあげる必要との板挟みにあっていたことがわかる。ミショー夫人の二人の娘によれば、夫人は一七二五年に資格証を交付され、年に一五〇〇リーヴルの固定給に加え、「給水所の水」を得ることになっていた。詳しくは後述するが、井戸水は石鹼と相性が悪かったためである。仕事に使う道具は、当初は三年ごと、途中から五年ごとに新しくすることになっていた。訴えを出した二人の娘は、母を手伝い、それぞれ三〇〇リーヴルを受け取っていた。二人は一七六八年に母のあとを継ぐはずだったが、その合間に王妃が逝去した。選任にあたった衣裳係ヴィラール公爵夫人は、そのときに、母親が受け取っていた一五〇〇リーヴルの代わりの代償手当を六五〇リーヴルに減らし、自分の使用人で、ル・モワンヌの後継ぎだったジョヤール夫人にこの職務を与えた。つまり、二つの職務を統合して一人の者に担わせ、ミショー姉妹を日雇いの労働者にしてしまったというのだ。

今日、この訴えが正当な事由に基づくのかどうか判断することはできない。また、二つの職務を統合して引きたてている者に担わせることでまちがいなく衣裳係の支出を減らしたことになるヴィラール夫人の行動の動機についてもわからない。ジョヤール夫人の死後、小物担当の官職はソイ嬢に引き継がれ、それからその姪で王妃付き女官だったボンヌフォワ・デュ・プラン夫人、最後にはその夫で、王妃付き内装係で国王の近侍だったピエール・シャルルへと渡った。それまでの前任者たちが専門家だったのに対し、ボンヌフォワ・デュ・プラン夫人の登場と、小物担当の特任官職の廃止の背景には、給金で働く者に肌着の洗濯を下請けに出して利益を得る請負業者管理式が始まったということがある。おそらく、洗濯係は通常の洗濯物の担当を続け、より丁寧な扱いが必要とされるものについて、資格証のない小間物洗濯屋に出したのだろう。ボンヌフォワ・デュ・プラン夫人の収入は、一七二〇リーヴルにのぼり、うち一二〇リーヴルが給金、三〇〇リーヴルが賞与、五四七リーヴルが食事手当、二〇〇リーヴルが住居手当、二〇四リーヴルの道具手当（敷布、石鹼その他の道具）などの各種手当、一四九リーヴルの薪手当だった。さらに一二〇〇リーヴルが「追加洗濯費用」として加わった。

一七七八年、ヌリス館に洗濯に適切な場所が見つかり、この建物がヴェルサイユ王領地のものであったため、建設部はただちに必要な水を引いてくる費用を負担するよう総督に求めた。

国王付きの洗濯係と異なり、王妃に関する洗濯については場所も委託先も決まった洗濯場はなかった。一七四一年、ミショー夫人は主《あるじ》にこう訴えている。

「王妃陛下の洗濯係よりお願いがございます。たいへん畏れながら、常によい仕事を仕上げることができますよう、ヴェルサイユの水飲み場の脇に、五年前よりお約束をいただいている屋根付きで囲まれた洗濯場をおつくりいただくよう総監督官にお伝えいただけませんでしょうか。森の池の水は硫黄色で、陛下よりお叱りをいただいております。サン＝タントワーヌ（門の近く）の洗濯場は一般のもので、水がたいへん汚れております。〈スイス衛兵の池〉は十月までいっぱいにならず、そちらに行くこともできません。陛下より、総監督官にお言葉をいただけましたら、このつましいお願いの効あって、洗濯物の無事と清潔さはもちろんのこと、職務も常に一定で高い仕上がりとなることと存じます。この〈ネプチューンの泉〉から水を引きますと、たいへんきれいで硬度が低いのでございます」

こういった請願はほかにもあり、庭の北のはずれにある有名な泉水の水が、洗濯に特に適していると判断されていたことがわかる。しかし、この泉水は馬を洗う水飲み場の近くにあり、大きな市場とレゼルヴォワール通りのあいだにある各通りから水が流れ込むため、国王の洗濯物を持っていくには汚すぎた。そのため、建設部の答えは冷たかった。「五年来約されている洗濯場というものはありません。水飲み場の近くに洗濯場をつくることはできかねます」

洗濯物がはためく、目にしたくない光景

続いて、国王の小居室と大小のトリアノンの洗濯物を洗う洗濯場がトリアノンに設けられた。洗濯係たちは狭すぎると文句をつけたが、拡張は認められなかった。隣接する氷室に害を与えかねなかったからである。洗濯場は庭園内にあり、王族の洗濯物を洗うのにも使われた。一七五〇年には、プロヴァンス伯爵夫人とアルトワ伯爵夫人、ヴィクトワール王女の洗濯係によれば、「王妃が頻繁にトリアノンにおいでになり、王妃の洗濯のために洗濯場をいつもご使用になられるので、自分の仕事の分を持ってこられません」

フレノワ館の取り壊しの後、ヌリス館に水道が引かれるまでのあいだ、王妃の洗濯係は、王族の洗濯係同様に、ヴェルサイユ近辺の水場を利用せざるを得ず、一般向けの洗濯屋と水を共有していた。使われたのは〈スイス衛兵の池〉と大運河である。一七八七年には、建設部の視察官がこうした状況がもたらす害についてこう記している。

「城館を取り囲む翼棟の品位と衛生にとって、運河や〈スイス衛兵の池〉のあちこちに見受けられる洗濯場ほど迷惑なものはございません。現在その害悪が頂点に達していると言ってもよいでしょう。状況の改善には一刻の猶予も許されません。今では、運河や〈スイス衛兵の池〉のあたりを散歩しようにも、木々のあいだにはためく洗濯物という不愉快な光景を目にすることになります。洗濯係たちは〈スイス衛兵の池〉の縁石を傷めるし、洗濯物から出る動物性の成分や石鹼で汚染された水から蒸発する蒸気が夕方や真昼の風向きにのって城館の方へ届けば、王族の方々の健康を損ねるでしょう。私ども視察官はこうした者の監督と取締りという命を実行することができないのです。なぜなら、洗濯屋たちは、王子王女方の洗い物だと言い張るからでございますが、それは本当とはほとんど思えません。それでも、洗濯屋たちが盾に取る手厚い保護のために、これに異議を唱えることができないのです。保護を与えている方々がそれが引き起こす弊害を明らかにしようとしないために、これまでこうした状況が改善されず、悪化さえしているわけで、陛下直々の命を賜るよりほかないと思われます。また、こうした改革によって王子王女方のための職務に何らかの支障が出るようでしたら、ヴェルサイユ市内かごく近郊で、一般の者とは別に洗濯する方法をご指示いただくことも可能かと存じます」

クラニーの公衆洗濯場はヴェルサイユからかなり遠く離れており、洗濯係たちは、新市街建設のために埋め立てとなった、以前池だった場所に掘られた運河の方を好んだ。この運河はノートルダム教会のすぐ近くにあることからわかるように、たいへん行きやすい場所だったが、建設部はこの人工の水辺での洗濯に強硬に反対していた。なぜかといえば、冬になり運河の水が凍ると、その氷を大きなブロックに切り取り、次の夏に王族や一部の宮廷の者が利用できるよう氷室に保存していたからである。一七五八年には、建設部のレキュイエより「クラニー小運河のそばに表札を立てる命を下されるようマリニー侯爵にお願いいたします。脂肪分が水の凍結に妨げとなるため、町の洗濯係がそこで洗濯することを禁じる表札です。季節が移るにつれ、氷が張る前に運河の水を浄化する必要を考えなくてはならなくなります」

提案された表札はこうだった。「クラニー小運河は陛下の氷のためのものである。いかなる者も、特にヴェルサイユの町の洗濯屋は、ここで洗濯をしてはならない。これに違反した者は五〇リーヴルの罰金に処す」

同様の罰金はレゼルヴォワール通りの端にある水飲み場でも課せられていた。「死んだ犬そのほかのごみを投げ入れること」が禁じられていたのだ。

「七、八人の女が私に百の罵詈を浴びせました」

洗濯屋たちはまったくひるむ様子はなく、水飲み場で建設部と衝突し、守衛の一人、ティネという者が事件についてこう報告している。

「本日の交替時に、いつもの見回りをしながら上司の命によりドラゴン門の近くの水飲み場においていきますと（視察官プリュイエット氏からこの水飲み場からの水で洗濯をさせないようにと命じられておりました。排水渠に通じる壁が洗濯をするために傷んでだいなしになるからということでした）、七、八名の女たちが私を取り囲み、近所の女たちとともに百もの罵詈雑言を浴びせました。私が命を受けていると言っても無駄で、女たちは私がおろうが洗濯はするのだと言い、石を投げつけ、さんざん脅した末にぬかるんだ洗濯物を投げつけました」

手ぬるいマリニー侯爵は新たな禁止の札を立てるにとどめ、のちにようやく下品な女たちへの対策をとったのだった。

一七六四年、「ヴェルサイユの庭師」を名乗るフォイエという者が、「水飲み場の裏手（中略）、ドラゴン門の近く」に洗濯場を提案した。視察官プリュイエットは却下を勧めた。

「水飲み場一帯は、家畜を洗ったあとの泥土を放って水を切るようになっている。これによって国王陛下のご負担を減らし、汚泥処理費用の支出がまったく不要になることも多い。近くの農民たちは、堆肥が必要なときにはここから取っていくため、国王陛下の支出が必要ないというわけなのだ。この水飲み場の水は洗濯物を洗うほどきれいではない。たいていかなりの泥水だからだ」

それならば、なぜ洗濯係たちがそんなにこの水飲み場に固執していたのか、よくわからない。

一七六八年、ついに最終的な解決策が見つかった。ピエール・アダムが、水飲み場の上流部に六十名が作業できる洗濯場を建設し、「ヴェルサイユの泉水の滝の水や新総督館、それに水飲み場の余剰分からの水を」引くことを提案したのだ。「この水はドラゴン門の水道の入り口まで到達しているが、誰の役にも立っていない。この設備によってヴェルサイユの町の住民に役立てることができるだろう」

予定された場所は〈クラニーの小運河〉よりも低い位置にあり、国王の氷用の水を汚染することもなかったため、視察官はこの提案を了承した。この位置には別の利点もあった。水は〈北の花壇〉の下に位置する泉水からのもので、透明だった。洗濯に利用された後は、水はヴィルプリューを通ってセーヌ川まで排水されるので、モンボロンの洗濯場や鹿園の貯水池をだいなしにすることもなかった。この洗濯場なら、大運河や〈スイス衛兵の池〉のよどんだ水を、落とした垢や石鹼カスで汚染せずにすんだ。当時石鹼は、オリーブ油と灰から抽出したアルカリでできており、池の藻類の繁殖を促し、通りに水が流れた痕跡を残してしまうのだった。

結局、ヴェルサイユの洗濯係がつきつけた問題は、流水が恒常的に不足しているということだった。アダムが提案した洗濯場だけが唯一、建設部の承認するところとなったのはこのためだ。水飲み場は一七七三年、町の拡張のためレゼルヴォワール通りが整備された際に廃止された。そのほかの洗濯場はもっと遠くにあった。

一七五三年、フランシェは王領地予算に年間一七一リーヴルの賃料を払ってポルシュフォンテーヌに洗濯場を設置したが、ほどなく、鹿園の二つの貯水池の管理を担当しているゴベールとのいさかいを訴えるようになる。「ゴベールは毎日のようにソー通りに面した庭園の門を不法に開け、洗濯女たちをそこで洗濯させておりますし、さらにゲランと称する者が管理しております国王陛下の沼地の洗濯場に水を送っています」

建設部長マリニー侯爵は即刻それをやめさせ、ゴベールは上司からよく思われなくなったが、視察官プリュイエットは建設部長に、ゴベールは特権を濫用してはいたものの規則は破っていないと擁護している。

「これまでも、この水道係は、自宅の下にある小さな洗濯場で洗濯をさせておりました。その洗濯場は私がヴェルサイユに来たときにできたものです。私は、値上げをすることと、業者に与えられた許可が濫用によって退廃することに反対するのみです。実は、この二年来、この業者の収入はほとんどこの洗濯場から得られたもので、これがなくなっては家族ともども生活していけないでしょう。この水道係が国王陛下の池の洗濯場、というよりはむしろ妹のラ・シャペル夫人の洗濯場に水を供給する必要はありません。この池にはシュニル・ヌフ池からずいぶん前から豊富に水が引かれているからで、さらにこの者が水を供給したのもかなり昔のことのようです。私もきちんと目を光らせるようにいたしましょう」

プリュイエットの後任の視察官トゥルアールは、それほど洗濯屋に甘くはなかった。一七七〇年にこう書いている。

「ソー通りのはずれの、公開されていた（中略）二つの貯水池は、安全性を確保し氷をつくるため、国王陛下のご負担が大きいばかりで、貴殿の命によって囲い込んだものです。しかし、こうした予防策は、視察官プリュイエット氏が、現在のところ何ら役に立っておりません。ゴベールという者がこの囲いの中で洗濯場を続けており、百人以上の洗濯屋たちが毎日のように洗濯物を持ち込み、布を広げております。こうした状況では、以前のように公開されている状態と同じです。ソー通りの門の錠前を門番に変えさせ、ゴベールに対しては、もし洗濯場を続けたいのであればこの門の開閉に責任を持つよう申しつけましたが、ゴベールの家が離れたところにあり、金を払って洗濯をしに来た洗濯屋がほかに入り口がなく洗濯物を広げることがなかったために無理やりに門を開けて錠前を壊してしまいました。私は何度も修繕させましたが無駄で、現在は開けっぱなしとなっております。さらに、これほどたくさんの洗濯屋たちの使う水の量は大量です。（中略）この洗濯屋たちはみな、ほかに洗濯をする場所が見つからないので、この二つの池の周りに物干し竿を突き立て、それが隊列のようになっております。池は縁から三ピエしか水がたまらなくなってしまいましたが、それは数々の不具合、特にこの竿による穴が原因です。これまでも現在も、城館や国王陛下の居室からでさえ、干してある大量の洗濯物が悪しき景観をさらしております。（中略）このため、こうした悪弊に対してあらゆる手段を講じる許可をいただきたく存じますが（中略）、なかでもまず私が必要と考えますのは、受け入れがたいこの洗濯場を禁止することです」

マリニーが建設部長を務めていたあいだは、ゴベールも安泰であったが、より厳しいテレー神父がその地位に就くと、一七七四年に官職を奪われた。理由は、特権を濫用したというのみならず、周囲の庭園から薪を盗用することを許したというものであった。この男は「まったくもって役に立たない」「悪質な者」として広く知られてはいたが、長く国王に仕えた家系だったので、わずかな年金でベル＝エアの水道係の官職を得た。

鹿園の貯水池の洗濯場が閉鎖されたので、洗濯屋たちは近隣にほかの洗濯場を探した。一七七七年、洗濯屋たちは、ウルスラ会修道院の建設予定地でまだ更地のままとなっていた、町の南端の広い敷地に押し寄せた。ヴェルサイユの町はドゥ・ラ・レーヌ通りに沿って北に向かって拡張していたので、この地区はまだ人口もまばらだった。この空き地に、洗濯屋その他が押し寄せて、土地の権利者に与えられたものの、まだ何も工事が始っていなかった場所を不当に占有したのだ。視察官は、この土地での問題をこう訴えている。

「ロワイヤル通りのはずれ、あるいはウルスラ会修道院広場ですが、この広大な土地に、十二年以上前からペラン氏に与えられているといわれております四つの場所がございます。もしこれらがペラン氏に与えられていたとすれば、それを囲い、周囲を舗装しなくては贈与は有効ではありませんが、氏は何も行なっておりません。この場所が、洗濯屋が洗濯物を干すのに使われ、周囲の複数の家の者の通行を妨げております。多数の洗濯係が住んでいるため、石鹸を含んだ水がよどんで腐り、周囲に広がって悪臭を放ち、空気を汚染するほどです。また、この場所を囲い込んでいないため、土地の所有者が自分の囲いの周囲を舗装しようにも、水がたまって汚水溜となっていて、できないということです」

この間、モンボロン貯水池の水道係兼門衛の官職を継承したマッソンの息子は、洗濯屋に貸し出す洗濯場の経営を続けていた。問題は変わらず、周囲にあふれだす大量の水の害だった。

視察官はこう報告している。「この悪弊の結果、通り沿いの住民にはたいへんな不便が生じています。洗濯場から流れ出した水が冬には凍ってしまいますし、石鹸分を含んだ水がどうしてもこの地区を通るため、夏には耐えがたい臭気を発し、たいへんに不潔です」

こうして洗濯場は「いまやヴェルサイユでは洗濯できる者がかなり少なくなっているという批判にもかかわらず」閉鎖された。

鹿園とモンボロン貯水池が閉鎖され、〈スイス衛兵の池〉の利用を禁じる立て札が立ったことによって、状況は危機的となった。建設部の地方行政官ドゥシェヌは、建設部長にこう注意を喚起した。

「ヴェルサイユ市は、数々の豪奢が贅を極め、実用的なものが極度に不足する町です。洗濯をする大きな水場も、こうした不足する実用的なもののひとつです」

ドゥシェヌは、洗濯物を干す広い場所も不足しているとつけ加えてもよかったはずだ。実際、洗濯物が目に入っては国王の町の尊厳にさしさわるが、洗濯係たちは濡れて重くなった洗濯物を遠くまで運ぶことはご免こうむりたく、洗濯物を干すのには城館まで続く通りの側歩道がまさにぴったりの場所だと思っていた。建設部の守衛たちはことあるごとに人を摑まえては問いただしていたが、一七四七年五月、命令が発布され、パリ通り、サン＝クロード通り、ソー通りの三つの大通りについて、「洗濯屋そのほかの者が、明示的な許可なしに、上記の通りの並木に紐をかけ、またはその側歩道に竿を立てることを禁ずる。違反者は洗濯物の没収と、二〇リーヴルの罰金に処する」

同年八月、ポルシュフォンテーヌの洗濯場の徴税請負人であるデュラン氏が、洗濯屋はあいかわらず洗濯場のそばで、大通り上にはあたらないパリ通りの南側に洗濯物を干しており、ここだけがこうした唯一の場所だと訴えた。さらに、歴代の建設部長たち、ダンタン公爵とオリー氏は、樹木への害について取り上げたことはなく、ただ、近所のいたずらっ子たちが巣を探そうとして、木や洗濯物を傷めないよう注意しただけだった、とつけ加えた。そして、通り沿いに洗濯物を干すのは、これまでになく役に立つと結論づけた。軍が戻ってきて、洗濯係の仕事が増え、特に冬のあいだ、利用できる場所が必要だからだ。視察官は型通りに訴えを却下した。「洗濯には運河と公開池がある。（中略）洗濯物を干す場所を与えるのは国王陛下の任務ではない」

問題が解決されないまま、命令は一七七九年に繰り返されたが、町が大きくなるにつれて、同じ場所でより多くの肌着、シーツ、キュロット、カフスが洗濯されるようになった。一七八四年、建設部の地方行政官ドュシェヌは東の新興地域にも注意を向けた。

「グラン＝モントゥイユ通りの木々のあいだから、ほんの少しだけ洗濯物が干されているのが見えていた頃は、何らさしさわりはなかったのです。ところが、次第にその数が増え、通りの側歩道は五列にわたる物干し竿の列で完全に覆われており、通行を阻害し、大通りまで近づいていて、馬をおびえさせ、事故の原因となりかねません」

ヴェルサイユの周縁部であるポルシュフォンテーヌやモントゥイユに干されている洗濯物が視察官にとって問題であったとすれば、城館から見えてしまう洗濯物については何という べきか。見た目が悪いというだけでなく、ルイ十六世の独身の叔母たちの下着が衆目にさらされるとなれば慎みにかかわるではないか。

一七八〇年、総視察官ウルティエは、トリアノンや〈スイス衛兵の池〉などの庭園内の池で洗濯する許可については、城館の総督の管轄であると指摘した。この頃にはその職務はノアイユ伯爵からポワ王子の称号を持つ後継ぎの手に移っていた。反対に、庭園の通り沿いに洗濯物を干すための許可は、以前から建設部の担当だった。洗濯係のほとんどは許可を得られなかったが、プロヴァンス公爵夫人、アルトワ公爵夫人、ヴィクトワール王女の洗濯係カシューが許可を得た。王妃の洗濯物はトリアノンの洗濯場を独占していたので、この男が〈スイス衛兵の池〉を使えるようになったのだ。

王族の洗濯物をどこに干すかという問題が残った。総視察官ウルティエには一つ考えがあった。

「牧草地側の側歩道の上部に洗濯物を干せば何ら問題はおこりません。〈スイス衛兵の池〉の右側に沿って続く、通りのこちら側は、木の枝や葉で城館や王族方の居室から見えないからです。また、許可はカシューという者に限られておりますから、それほどたくさんの洗濯物が干されるわけではありません」。建設部長は留保つきでこれに同意した。「洗濯物を干すときには、牧草地側の側歩道の上のみを使うこと、王族の女性方の洗濯物以外は決して洗わないことを厳密に守るという条件つきです」

守衛たちは、洗濯屋たちがどんな規則も平気で破るため、いっそう注意を払わなくてはならなかった。一七八八年、建設部の地方行政官ドゥシェヌはこう報告している。

「木製の小さな洗濯場が陛下の庭の前の〈スイス衛兵の池〉のふちに設置されております。私は、守衛たちに、洗濯物の持ち主の名前を聞くだけにとどめ、該当者以外の者だったとしても追い返したり罰金を科したりしないよう言いつけましたが、今では床磨き人の洗濯物まで見つかっております」

さらに、ドゥシェヌが王妃付きの洗濯係としている者は、「洗濯したものをすべて持って、ボンザンファン通りから動物園の農場に続く反対側の通りまでそれを干しに行っております。これは立札の存在をないがしろにするやり方です」

建設部長は「陛下の了承のもと」、洗濯場と「王妃付き洗濯係の洗濯干し」を廃止するよう命じた。この命が伝達されるや否や、ボンヌフォワ・デュ・プラン氏は反論し、建設部の秘書官はこう書いている。「陛下の洗濯物を広げて干す場所がないとの訴えです。ヌリス館の中庭は狭すぎ、通風がないとのことです」

「かつて干場として使っていた（中略）〈スイス衛兵の池〉に沿って」洗濯物を干す要請を受けた部長は譲歩し、城館から遠い、「サン゠シールに通じている、〈スイス衛兵の池〉の池の種苗場沿い」に干すことに同意した。

十八世紀も終わりに近づくと、ヴェルサイユに批判的な人々は、ドゥシェスが記しているように、こう揶揄した。「あちこちから水があふれているのに、運河やクラニー池がなくなってから、洗濯係たちが一枚の布切れを洗う場所すら見つからない」

エピローグ

ヴェルサイユ宮殿の城館の、公の場としての広く豪華な居室と、そこに住む人々の日常生活との落差は、十八世紀の宮廷の人々はもちろん、現代の私たちを驚かせてやまない。現在私たちが目にしているヴェルサイユ宮殿は、演じる者のいない劇場である。アンシャン・レジームの時代、ここは大勢の人々で常に満員だった広間、聖堂、庭であった。

一六八二年にヴェルサイユに宮廷が移されたとき、この新しい宮殿の華麗さにみな目を奪われたものだった。スルシュ侯爵は「国王陛下は長年の望み通り、サン=クロードからヴェルサイユに移られました（中略）」と記し、さらにもっと個人的な意見として「陛下はこの宮殿に比類ないほど傾倒されており、すでに五〇〇〇万を費やされております。確かにその壮大さ、豪華さは群を抜いておりますが、危険な状況でもあります」としている。

ブランデンブルク選帝侯からの使者エゼキエル・シュパンハイムは、このとてつもない資金調達は、王政の財力と権勢の大きさを示していると知らせ、「国王の収入その他の資力が、必要に応じて、あるいは好むままに支出を増大できるほど大きくかつ並はずれているとすれば、この治世下の出費の方もそれに勝るとも劣らない規模です」

ヴェルサイユ宮殿の建設と整備に八万リーヴルはかかっていると推定しつつ、彼はこうつけ加えてもいる。

「最高に高額なものをはじめ、ありとあらゆる種類のすばらしい調度品があります。どれも国王のためにつくられたり購入されたりしたものです。銀細工、寝台、絨毯類、絵画や肖像画、宝石類その他の貴石や珍しいもの、すべてを合わせれば莫大な額にのぼり、すべてを整然と、かつ壮麗さを保って輝かせているのを見れば、誰もが納得せずにいられないでしょう」

まさにこれがルイ十四世の意図そのものだった。ルイ十四世にとって、ヴェルサイユは単なる主たる居城ではなく、優越性を示し人々を威圧するという大がかりな政略の道具だったのだ。しかし後継者たちの時代になると、その輝かしいイメージは褪せていく。一七七五年、建設部長の予算の増額要求を支持するための報告書には、議論の冒頭にこう書かれている。

「主権者たる国王陛下の住居における栄光と尊厳は、（中略）こうあるべく、またこうあったように手入れがなされ、最高に整った状態の中にあるべきものです。ルイ十四世陛下とその閣僚たちがこの王政を設立したときも、そのようにお考えだったに違いありません。陛下のご晩年に起こりました不運なできごとにより、この宮殿の素晴らしさをそのまま維持することがかなわなかったということはございますが、ご逝去のそのときまで維持しようとなさいました。それ以来、六十年の年月が流れました。人々はまったく同じ目で宮殿を見ますが、ものごとは嘆かわしい衰退の状態にございます。王族方のお住まい、その他付属する建物はすべて、すでに使い古され、あるいはほとんど廃墟の一群として以外、外国の方々や市民の興味の対象ともなりません。なかには職務を果たす目的にすら使うことのできないほどのものもあるのです」

建設部の言うことはもっともだった。ヴェルサイユはもはや壮大な印象を与えはしなかった。一六八九年、新しい国王の宮殿の落成を祝してつくられたメダルにはこうある。「国王陛下の宮殿は、広く公開される」

十八世紀に入っても、確かに多くの人々がヴェルサイユを訪れていたが、太陽王ルイ十四世の栄光が再び戻ることはなかった。一七六三年、スコットランドの作家トビアス・スモーレットは、辛辣にこう書いた。

「装飾にはあふれているが、ヴェルサイユには生気がない。居室は薄暗く、さしたる調度もなく不潔で、王家にふさわしい威厳に欠ける。城館、聖堂、庭の全体が合わさると、豪華さと卑小さ、洗練、そして実用というかなりおもしろい組み合わせになる」

一七八七年、優秀な農学者で洞察力ある批評家だったアーサー・ヤングも同様に手厳しくこう述べている。

「ヴェルサイユ宮殿には、まったく印象に残るところがない。(中略)大回廊はこれまで見たなかでも美しいといえる部類に入るが、そのほかの居室はどうということはない。ただ、絵画や彫刻は、第一級のコレクションだと言える。聖堂を除いて、宮殿全体が公開されているように見えた。さまざまな人々が祭礼の行列を見に来ていたが、多くはあまり身なりがいいとはいえない。(中略)国王の居室を見たが、国王はほんの十五分ほどしか姿を見せなかった。ちょっとした乱雑さが、国王が実際にここに住んでいるということを示していた。見物人は、いたずらっ子がそこかしこで制止もされず動き回るのを見て楽しみ、国王の寝室にさえ、いかにも貧しいぼろ布をまとった悪がきがいる」

彼はまた、ここの宮廷に暮らす人々はいったいどう考えているのかについても疑問を投げかけている。「彼らをじっくり見ていたのは私ぐらいなものであろう。ここに住む人々は何を思っているのかを考えた」

これまで述べてきたように、王や王妃に仕えているあいだは途方もない豪奢に囲まれているが、狭苦しく、薄暗くて風通しも悪い自分の部屋に戻ったとたん、水もさまざまな生活の便もないことに悩んだのだ。一七六八年以降、老朽化した建物全体があらゆる修繕を必要とする状態だった。

使用人の数だけが、こうした不快さをやりすごす手立てだった。パリでは人口の十パーセントが使用人だったようだ。それほど裕福でない家庭にも使用人がおり、身分の高い者なら生活のすべての側面にわたって使用人に支えられていた。写本者で雑誌記者でもあったプリオンによれば、プロヴァンス地方のつつましい貴族の邸宅だったオーベ城にも、三十一年間で二百七十九人の使用人がおり、うち五名が従者、二十四名が小間使いで六十一名が女中だった。『ラ・メゾン・レグレ』（一六九二年）によれば、一人の独身者には三十七名の使用人が必要で、うち五名が個人的な従者だ。結婚すると、さらに小間使いが加わり、子どもが生まれれば乳母や教育係や家庭教師が加わる。とはいえ、この数字は誇張されているには違いない。大きな財産を動かし、サロンでは貴族や外交官や文学者たちを迎える生活をしていたジョフラン夫人でさえ、制服を着た十名の使用人で満足していたからだ。もちろん、これは主な使用人で、小間使いや給仕などは人数に含まれていない。

こうした多数の使用人たちは、給金や食事や制服の費用から規律の維持まで、数々の問題をひきおこした。ヴェルサイユでは使用人なしでは暮らせなかったが、使用人たちを小さな住居に詰め込まずにどうやって手元に置くかは、ヴェルサイユ特有の問題だった。総督ノアイユ伯爵は一七七五年頃こう記している。「ルイ十四世は、男系王子にでさえ（中略）、城館内に（中略）多くの使用人を置くことを許しておられず、どの方も一人か二人の従者で我慢せざるを得ない」

実際には、この指示は遵守されず、使用人たちは約束があると言っては、ひっきりなしにこちらあちらの控えの間《ま》で某王子の侍従と話し込んだり、某王女の小間使いを冷やかしたりしていた。

要するに、宮廷の人々は二つの部屋、つまり眠ったり客を迎えるための寝室と、人になることができる執務室ないしは小部屋しかもっていなかったのだ。十八世紀になると、中二階がつくられるようになって利用できる空間が広がったが、狭いことと天井が低いことに加え、下になる部屋の大きさを犠牲にすることになった。住居全体の床面積の三分の一以上が加わって（「二重化」と呼ばれた）、ようやく夫人たちが部屋を私室に変え、小間使いのための寝台を置く場所をつくることができたのだ。すでに述べたように、許可を得ていない台所が設置されたのはこの中二階が多かった。

宮廷では自分の住居を好きな調度で整えることができたが、王族以外は城館で死ぬことが許されていなかったため、さまざまなフランス風室内装飾について教えてくれるはずの貴重な死後の財産目録はほとんど入手できない。通常、宮廷に仕えた者が職務を解かれると、実の、あるいは義理の息子や娘がこれを引き継いだが、同じ居室が与えられることはほとんどなかった。以前に入居していた者の家具は絨毯職人によって運び出され、ヴェルサイユでの日常生活のあとは消され、もはや公式の訪問や家族行事でしかヴェルサイユには姿を見せないということになる。とはいっても、城館での突然の死という事態もあり、こうした場合には国王所有の館を管轄区とする地方行政官の官僚が封印を施し、ごく簡単な財産目録を作成した。しかしこの目録が完全なものであることはめったになく、財産価値の見積もりも記載されなかった。居室の所有者のまま、城館外で死亡した場合には、公証人が家具、銀細工、布類や衣服の完全な目録を作成することもあったが、こうした書類はきわめてまれである。

ソー゠タヴァンヌ家の居室の財産目録

ソー゠タヴァンヌ伯爵夫人だったマリー・フランソワーズ・カシミール・ドゥ・フルレー・ドゥ・テッセは一七五三年に死去し、その居室の完全な目録が残っている。司祭の家系に属する夫人は、王妃付きの第一厩舎係の姪で、一七四四年に王妃付き女官に推薦された。国王は愛人ラ・トゥルネル夫人が推す別の候補者を考えていたが、テッセ夫人は、リュイヌ侯爵が言うところの「かわいらしい顔つきと愛すべき人柄」で国王のおめがねにかなった。しかし実際この官職を得るには一七四七年の休暇まで待たなくてはならなかった。夫のソー゠タヴァンヌ伯爵、シャルル・マリー・ガスパールは、伯父の後ろ盾を得てルーアンの大司教であり王妃付きの宮廷司祭だったが、同年、王太子付き貴族となった。夫人は、任命を受けるとすぐに、北の翼棟に心地よい住居を与えられた。建設部は「完全に整っている」と評している。大きくはないが、四つの暖炉を備えた五つの部屋があり、三つの中二階にも暖炉が二つあった。

一七五〇年、夫妻はさらによい住居を得る。アルクール老元帥が死去すると、ルイ十五世は故人の住居を国王命令「台所なし」をつけ加えて夫妻に与えた。一七二二年から一七四一年までの報告書では、暖炉のある六部屋、三つの暖炉を備えた五つの中二階の部屋とある。国王は二〇二九リーヴルの「改装と修繕」を認めている。建設部にも、年に三二〇万リーヴルの予算の余裕があったので、必要な工事が遅れることはなかった。ソー伯爵は自費で二重框《かまち》の設置に七七〇リーヴルを支払った。夫妻はこの住居に三年しか住まなかった。一七五三年の夏、王妃に随行してコンピエーニュにいた伯爵夫人は病に倒れてパリに戻った。天然痘で余命一週間と診断され、宮廷中が悲しんだ。リュイヌ公爵は日記にこう賞賛の辞を書いている。

「ソー夫人は優しく誠実な方だった。職務についてはたいへん入念に取り組まれた。父母にも、夫とその父母にも、彼女を知るあらゆる者に愛された。信頼に足る相手だった。たくさんの友人に囲まれ、それに値する方だった」

宮廷内でこうした言葉を贈ることは稀だった。

妻に先立たれた伯爵は、住居を手放さなくてはならなかった。封印が施され、夫人の死の数日後、公証人が訪れて財産目録を作成した。これを見てみよう。王族棟の中庭に面した公開回廊から数歩降りて、大階段の中庭の南側に沿って続く狭い廊下を通っていく。この大階段は今日、憲法改正が行なわるときに議会が開かれる場所だ。二つ目の廊下を右に曲がると〈薬剤師の中庭〉側に二つの窓があり、夫人の居室に到着する。中庭とシュールアンタンダンス通りに挟まれた続き部屋で、それぞれの側に七つのガラス窓がある。

財産目録を見てみよう。使用人たちの使っていた控えの間《ま》には簡単な調度しかない。陶土製のストーブはたった一六リーヴル、実用的な薪をくべる窯、赤銅製の小さな水溜め、二つの「寝台」にはマットレスと格子模様のカバーがかかっている。五オーヌ（六メートル）の彩色されたカンバス絨毯が唯一の装飾品だ。さらに進むと、応接間だ。脇には食堂に続く扉があり、公証人は「猫足の白木の食卓」と記している。当時、食事をするためだけの部屋というのは新しいものだった。以前この部屋には大切な訪問客を少しのあいだお待たせするための、二つ目の続きの間《ま》があった。おそらく、招待客が到着する前に使用人が食卓を整え、テーブルクロスをかけたのだろう。家具の中には、「リネンが張られた栗の木製の肘掛椅子がいくつか、それによい縁飾りのついたウォールナット製の椅子が一ダースほど」含まれていた。これらはどれもさほど豪華なものではない。椅子類は六〇リーヴルと見積もられており、綿のカーテンは金物類と合わせて三〇リーヴルだ。

王族の住まいや、ブロンデルが設計図を出版しているような豪農の邸宅などでは、偉大な印象を与えるべく豪華さを競う応接間があった。大貴族や大金持ちにとって、こうした広間は国王の大居室に対応するもので、友人たちを迎えるための社交のための部屋はむしろルイ十五世の小居室に対応していた。くつろぐための私的な部屋は、国王や王妃の内部屋にあたった。ソー゠タヴァンヌ家では、応接間と夫人の小部屋は公的な、あるいはなかば公的な空間だった。応接間はお客を迎えるのに十分な広さがあり、「ウォールナット製の椅子六脚（中略）、馬の毛で詰め物をし、黄色のベースに銀色の綴じを施したトゥール織のカバーのもの」が置かれていた。これはよくある椅子で、必要に応じて出したりしまったりできた。肘掛椅子六脚とベロアのカバーのソファーは、特別なときにしか動かさない調度品としての椅子だった。最後に、招待客には「ブナ材に彫刻が施され、底部が凸の足台が付いた安楽椅子が二脚、それぞれに異なった格子柄のカバーがついているもの」が用意されていた。これが全体で三二〇リーヴルと推定され、さらに「大理石の天板つきのコンソールテーブル、紫檀製で金メッキの青銅の飾りのついた石碑形箪笥、寄せ木細工が施され、棚板と引き出しがついている木製の小さなライティングテーブル、彩色された小テーブルにシャンティイ製磁器のカップとソーサー六セットにティーポットが一つ」があった。伯爵夫人は友人たちをこの部屋でもてなした。衝立二枚と黄色のタフタのカーテンがすきま風を防いでいた。夫人の手元には彼女がとりかかっている仕事に必要なもの――小さな糸車、針刺し台、木枠――があった。快適だがさして豪勢な部屋ではなかった。暖炉の飾りものや照明器具などを別として、家具は五七一リーヴルにしかならない。国王の財産である鏡は財産目録には含まれておらず、絵画や絨毯についても記載がない。一階に下りると寝室があり、小部屋と衣装部屋を中庭側につくるための仕切りで床面積は小さくなっている。公証人は伯爵夫人の持ち物とはしていないものの、この部屋の主たる家具は身分のある女性の私室にふさわしいものだった。寝台は深紅のダマスク織のカーテンとベッドカバー、それに同色のサージのカーテンで飾られたアルコーブに置かれていた。安楽椅子が一脚と肘掛椅子が二脚、その側には小さなライティングデスク、モロッコ革のカバーのついたテーブル、真鍮の針金の扉で飾られた小さな本棚、彩色された紙でできた小さな衝立があった。もっとも重要な家具は「縦一五プース（四〇・五センチメートル）横一〇プースの裏箔のついた鏡のある化粧台で、黒檀の縁どりがあるもの」だった。「黒く彩色された燭台は、中国風の人物像で装飾されており」「アラバスターのカバーのついたポマード入れが付属」していて、木の色合いと対照をなしていた。鏡が小さいことや金メッキが施されていないことで、この化粧台の価値は下がっているが、「パリのジェラルドでつくられた、金メッキの銅製の小枝のついた夏を表現した陶器群」の置時計は、こうした室内をより魅力的に快活にしていた。伯爵夫人が親しい友を招いたのはこの部屋に違いない。夫人はここで寝ていたのだろうか。一七三五年にブロンデルが描き起こした図には、中庭側の衣裳部屋に階段があり、公証人も上部に一部屋、同様の家具があるが洗面台のない部屋を挙げている。伯爵夫人の寝室がちょっとした居間に改装されたとすれば、中二階で眠っていたのだろうか？　ブロンデルによる図は、中二階の部屋の配置には触れていない。したがって、夫人の部屋が夫の部屋とつながっていたかどうかはわからない。身分のつれあいのとれた夫婦であっても、なかなかそういうわけにはいかないことが多かったのだ。ポンパドール侯爵夫人の腹心で友人だったエストラッド夫人と伯爵との関係は、伯爵夫人の死よりも前に始まっていたのだろうか。証拠となるものは何もない。夫人がコンピエーニュで病に倒れたとき、伯爵がその枕元に急いだということはわかっている。謎に包まれたままの夫妻の関係についてはこれぐらいにして、伯爵夫人は陶器で飾られた可愛らしい小さな「ライティングテーブル」と「透明なガラスカバーのついた、金メッキの額縁の小さな版画十枚」も持っていたと記すにとどめよう。

中央階段からは応接間の上に位置する中二階に上がることができた。そこには伯爵の居室があり、夫人ほどは来客も多くなかった。「寄木細工が施されたライティングデスクの形の小机が一つ、コーナー家具、安楽椅子、肘掛椅子」のそばに美しい寝台があった。寝台はアルコーブに置かれ、羽枕が二つ、ホワイトリネンのマットレスが二つ、絹のカバーがかけられ、キルティングで裏打ちされた白いタフタの足カバーがあった。ベッドカバー、刺し子の掛け布団、ベッドスカート、垂れ布やカーテンは緑のダマスク織だ。隣にある書斎には、紫檀製の引出しつき机があり、彫刻が施され、籐張りされたブナ材のスツールには赤いモロッコ革のクッションがついていた。大理石の天板と真鍮の針金細工のついた棚板のあるコーナー家具二つが、居室の主の隠れ家を彩っていた。さらに夫人と共通の趣味のものがあっても驚くにはあたらないだろう。「さまざまな人物や動物をかたどった陶器、湯煎用の容器つきのポット、カップとソーサー二揃いが、赤色に彩色された木製の小さな円卓に置かれている」

さらに形の異なる四種類のカップとソーサーが加わり、目録ではこの一式で一六〇リーヴルと見積もられている。ブロンズ仕上げの鉄製金具のついた深紅のタフタのカーテンを含め、残りのものも全部で同程度の額だ。

伯爵の衣裳部屋については、白木製の土台のついた鬘《かつら》が隣室との通路の途中にある机に置いてあるとふれている。隣室には、簡素だが十分な機能を備えた寝台があり、主人のすぐそばに仕える従者が使ったものに違いない。伯爵夫人の小間使いも、暖炉の備わった中二階に住んでいた。その部屋はごく簡単な調度で、傾斜天蓋付きの簡易寝台二つがあり、綿の寝具、サージとタフタのキルティングのカバーが備えられており、「猫足の白木の小テーブル、刳り穴のついた小さな籐椅子、ブリキのバケツ」があった。装飾品については、「ハンガリー刺繍の絨毯が八オーヌ」、全部で八一・五リーヴルと見積もられている。ほかの使用人は寝具を含めて七〇リーヴルとされた簡易式寝台一つしか与えられていなかったので、小間使いは優遇されていたようだ。

こうした記録は参考になる。ソー＝タヴァンヌ家は中庭の下に台所を持ち、一つの階に六つの部屋（うち応接間が三つに小部屋が一つ）、中二階には主人の居室が二つあって、それぞれ寝室と衣裳部屋と小部屋があったという幸運に恵まれていた。これに加え、使用人のために二つの小部屋があり、それぞれに寝台二つと長椅子があり、必要な場合には控えの間《ま》に二人の召使いを眠らせることができた。照明器具の価値は三四〇リーヴルで、暖炉の飾りが五四リーヴル、ごく簡単な家具を含めた台所用品が一〇四リーヴルだ。通路や階段のあちこちにある衣装箪笥に蠟燭や陶器が入っており、それが三八四リーヴル。家庭用のリネン類が二〇〇リーヴル、銀製品が二二六二リーヴル、全部あわせると三三四五リーヴルになる。家具類四〇四〇リーヴルと合計すると見積り額は七三八五リーヴルとなるが、これは九〇〇〇リーヴル以上にあたる。通常、公証人による見積もりは財産の実勢額の四分の三ほどだったからだ。

比較の対象として、王室家具保管係は、マリー＝アントワネットの衣装係だったオスュン夫人の四部屋ある居室に貸し出された家具の価値を、絨毯は別で一万三五四五リーヴルとしている。つまり、ソー＝タヴァンヌ夫妻のヴェルサイユでの生活は、十分に快適ではあったが、かといって贅沢もしていなかったということだ。確かに夫妻はフォンテーヌブローにも別の居室を持ち、宮廷の夏の行幸に備えてコンピエーニュにも館を借りていた。パリには当時のロワイヤル広場、現在のヴォージュ広場に、伯爵夫人の実家のものである個人邸宅も所有していた。現在高級とされているこの地区は、当時はさして評価の高い場所ではなく、夫人の死後、伯爵はサン＝ジェルマン地区のサン＝ドミニク通りに居室を借りた。さらに、ソー＝タヴァンヌ夫妻はパッシーにも別荘があった。こうした生活ぶりは収入の範囲を超えていた。伯爵夫人は父方の遺産の三分の一を持参金としてはいたが、終身年金としては一万五〇〇〇リーヴルしかなく、宮廷の女官としての年金六〇〇〇リーヴルがこれに加わるだけだった。伯爵は放蕩者で、借金を重ねていた。自分の居室と夫人の年金を失ってからは、古いシュールアンタンダンス館の住居を与えられ、その後北棟によい居室を得て、一七五五年に王妃付きの名誉騎士に任命された。

その間、伯爵が使っていた居室は女官の一人グラモン伯爵夫人に与えられ、夫人はそれを王妃の父、ポーランド王の大侍従だったテンツェン＝オソリンスキーに貸した。その後、母親より襲職した王妃付き女官で、パリ総督の妻だったシュヴルーズ公爵夫人がこの部屋を得た。公爵夫人は五八五リーヴルの改装を願い出て、ニス塗りの費用は自分で負担したものの、この住居にはいくつか不満があった。中庭の高さのすぐ上に位置しているため、水漏れや煙突の害からは免れているが、「悪臭には我慢がならない」部屋で、窓からごみを投げ捨てる人々に文句をつけている。

総督ノアイユ伯爵はシュヴルーズ公爵夫人の意見に賛成だったが、一七六三年初頭、この階の部屋の天井の梁が「完全に腐っている」ことがわかったとき、ノアイユ伯爵には打つ手はなかった。建設部のレキュイエは報告書にこう書いている。

「梁を交換しなくてはならないばかりか、その下にある部屋の仕切りや建具はすべていったん取り去る必要があります。小さな工事とはいえません」

シュヴルーズ家は信用があつく、財政危機の折にも建設部から改装を引き出すことができ、国王は一七六四年の予算で、大改装の項目の予算十二万九〇〇〇リーヴルのうち、一八〇〇リーヴルを認めた。あとは業者を急がせるだけだったが、レキュイエはこう書いている。

「シュヴルーズ夫人から（中略）仕事を急ぐように書簡をいただきました。私はできる限りのことはしておりますが、国王のご帰還が近づいており、作業員たちは忙しく、支払いが遅れておりますために人数が集まりません」

二週間後、夫人は建設部長に訴えを出した。「骨組みが設置されてから一週間以上が経っておりますが、左官職人がまだ参りません」

十二月五日にはレキュイエがこう記している。「住居の石膏工事は今日明日中にすべて終わると思われます。それから建具職人が中二階の仕切り壁を取り付けられるでしょう。シュヴルーズ公爵は、石膏を乾かすため暖房を最大にすることに昨日同意され（中略）、鉄製の古いストーブをお貸ししました」

しかし、一か月経っても建具はまだ設置されなかった。

一七七一年、シュヴルーズ夫人が死去し、居室はコーモン公爵夫妻に渡った。夫妻も主任司祭の家系で、公爵はプロヴァンス公付きの首席貴族、夫人はプロヴァンス公爵夫人の女官を務めていた。夫妻はすぐに六〇〇リーヴルの修繕を要請した。マリニー建設部長にはどうしても必要な工事をするだけの予算しかなかったので、「六〇〇リーヴルを決して超えない」よう念を押した。次いで、ラバル公爵がこの居室を与えられ、さらに一七七八年にノアイユ侯爵へ、一七八三年にセラン侯爵へ、最後にロルジュ・エ・クワンタン公爵夫妻へと渡った。クワンタン公爵夫妻は「仕切り壁をいくつか取り払い、居室の別の場所に設置する」ことを要請した。その翌年の住居現況表では、この改装の結果が記録されている。居室には三つの暖炉を備えた四つの部屋（以前は四つの暖炉を備えた六つの部屋だった）と、五つだった中二階の部屋も四つになった。控えの間《ま》と食堂はそのままだったが塗り替えられ、シュヴルーズ夫人が塗らせたニスもなくなった。

これは、屋階の屋根裏部屋と壮麗な部屋が続く王族の居室との中間に位置する、「中程度の」居室の一例である。ソー＝タヴァンヌ夫妻がこの居室を得たときには、まだ建設部は財政危機の影響を受けていなかった。財政危機によって予算が逼迫すると、王族の居室の贅沢と、ヴェルサイユの宮廷に仕えるフランス貴族たちが住む居室の損壊ぶりとの落差が際立つようになるのである。

つねにもっと多くを

居室に新しい者が入居すると、その内装が自分の好みに合わないことも多かった。一七五〇年代以降、アルコーブを設けて寝台を部屋の真ん中に置かないことが好まれ、その分の空間を快適な肘掛椅子に使って会話を楽しむようになった。改装の大部分は、これまで見てきたように、建設部長の許可に委ねられており、部長は監督官を派遣して要請の根拠のほどを報告させた。報告書の二つの欄（通常と特別）に報告書を書くのはこの平民身分の監督官で、要請を出す貴族たちの方は、彼らにこびへつらうのも辞さなかった。部長は、工事の費用と、対象者の寵愛の度合いを勘案し、国王に概要を伝え、最終的な判断を仰いだ。ごく少数の特別に優遇されている者だけが要求のすべてを通すことができたが、ほとんどは必要最小限で我慢せねばならず、一年もしくはそれ以上待たなくてはならなかった。

たとえば、城館部の一七六七年の予算では、予定されている大工事のなかに「ジェスヴル枢機卿、リモージュ司教、コセ公爵夫妻の住居の大規模緊急修繕工事。支柱がすでに取り付けられているが、天井が崩壊しかかっているため、合同で行なう。二万九〇〇〇リーヴル」とある。一七六九年には、この工事はまだ実行されておらず、費用は三万五〇〇〇リーヴルに上がっている。一七七一年にもまだ予算に計上されており、「資金手当て済み」とある。その翌年、予算は変わらず承認されているが何も行なわれなかった。財政危機にあったからで、宮廷に仕える者の住居の修繕は問題にすらされなかったのだ。ジェスヴル枢機卿は一七七四年に死去した。当時旧棟の住居を提案されたモンモランシー夫人によれば、隣接するどの住居も「住むことは不可能」な状態だった。建設部長の許可がなければ、改装も修繕もしてはならないのが原則だった。許可が得られたとしても、資格証を持つ業者しか使用してはならず、見積もりは高額で仕事はおそかった。そもそも国王のために働くことが第一の義務であったため、業者の手が空いているかどうかが問題だった。

何はともあれ、フランスの身分の高い貴族たちは、その地位を保ち、国王に取り入るために宮廷で暮らさなくてはならなかったため、たとえそれが狭隘で快適さとはほど遠かったとしても、ヴェルサイユに住居を持つことが必要だったのだ。

アルジョンソン侯爵の観察は的確だ。「この国で宮廷ほどおかしなものがあろうか！　誰もがこう言う。それでも分別を失い、熱意だけをもって、誰もが宮廷に赴くのだ」

ノアイユ伯爵は、ルイ十四世についてこう観察している。「この偉大な国王は、城館の住居を宮廷の大貴族の方々にお与えになりますが、それは壁と屋根だけの話です。この住居の室内のしつらえ、あらゆる個人的な調整や装飾や便宜は、国王陛下が自分のヴェルサイユの城館に住まわせたいと思われる者の負担となります」

フランス貴族たちをパリの外、それぞれの領地から遠く離れたヴェルサイユの自分の宮殿の中に集めることによって、太陽王は貴族たちにヴェルサイユへの出廷を課すことに成功した。金融面ではパリがその中心であり続けていたし、宮廷に出てきたがらない、あるいは出たくともその場所を見つけられないエリートたちの影響力は、十八世紀の後半を通して弱まる一方だった。ルイ十五世は一年の多くをほかの居城や別荘で一握りの側近たちと共に過ごした。ルイ十六世はもっと長くヴェルサイユに滞在したが、十四世ほどの威厳もなく、十五世のような生来の愛嬌もなかった。マリー＝アントワネットは宮廷の慣習に慣れることができず、気に入っていたトリアノンで側近と過ごすことを好み、お付きの女官頭、ノアイユ伯爵夫人を「エチケット夫人」と冷やかしたほどだったのだ。

宮廷を道具として保たれていた国王の貴族に対する影響力には翳《かげ》りが見られるようになった。軍の最高幹部たちはヴェルサイユの宮廷に出入りしている者たちに忠実ではあったが、フランス革命の二十年前ぐらい前から、軍は次第に専門的な集団となっていった。ショアズルの失脚後、コルベールやルヴォワのような力強さと気高さを持った大物閣僚はもはや現れず、かつては税を免除されていた者にまで納税を科すほど増税を図っても、国庫には債務が増えるばかりという状況で、度量ある政策を実行するのは不可能だった。官職が金で買えるものであれば、廃止された官職に就いていた者にはそれを返金しなくてはならなかったが、そうしようという意思がいくらあったとしても、もはや王政にその力は残っていなかった。食膳部、寝室部、衣装部、厩舎部、狩猟部、さらには聖堂に至るまで、さまざまな改革が行なわれるたびに、宮廷に仕えることは名誉と収入の両面で、もはや一番恵まれたこととは言えなくなった。宗教と人権に関する議論は、権力の正統的な源としての専制君主という概念自体を揺るがした。「民主主義」や「共和制」という言葉が流行し、恩恵や寵愛の源、流行や考え方の決定者、フランス社会に輝く星、貴族的生活のすべて、こうした古い宮廷概念が、新しい考え方によって崩壊していったのだ。

もちろん、エリートたちの精神構造の変化が一番重要な点だったとしても、城館が徐々に荒廃していくなか、次第に快適さを増していたパリや田舎での生活と城館での生活とが日増しにかけ離れていったことは、宮廷に仕えた者たちの思考の根底に、ヴェルサイユでの職務やルイ十四世から受け継がれてきた儀式はもはやとるにたらないしくみだと刷り込むに足るものだったのではなかろうか。先に述べたように、日々の生活の我慢ならない現実が、体制への忠誠を揺るがし、フランス王政の衰えと崩壊に寄与したに違いないのである。

本書で使用した貨幣単位について

本書で参照した文献では、貨幣単位としてリーヴルが使われている。正式な名称は「リーヴル・トゥルノワ（トゥール系リーヴル）」と言い、一六六七年に法定の貨幣単位となった。紙幣や硬貨は発行されないが、価格や負債の額を計るものだ。

実際の支払いは実質通貨で行なわれた。一リーヴルは「ソル」または「スー」と呼ばれた銅貨二十枚にあたり、一ソルがさらに一二ドゥニエだった。もっと額が大きい場合、ヴェルサイユ宮殿の貴族たちが懐に忍ばせたのはエキュ銀貨やルイ金貨だ。一エキュはルイ十四世時代には三リーヴル、一七二六年以降は六リーヴル。一ルイ金貨は一七二八年以降二四リーヴルにあたった。

貨幣に含まれる金銀銅の割合は、時の政府によって変動した。ルイ十三世時代やルイ十四世の幼少期と戦争時代には、度量衡の単位だった一マールの金が何リーヴル分にあたるかがたびたび変更された。それに伴いリーヴルの実際の価値も上下したが、名目上の価値は不動だった。長期にわたる賃貸借や官僚たちの年金と給金は、変動に左右された。とりわけ、古くからの官職を持つ者への影響は大きく、実際の価値が大幅に下落してしまった。たとえば、アンリ四世時代には一マールの金が二四〇リーヴルだったが、一六三六年には二八四リーヴル、一六九三年には五〇七リーヴル、一七〇九年には六〇〇リーヴルとなった。一七二六年からフランス革命までは、七四〇リーヴルだった。

現在の通貨価値との比較は難しい。歴史家によっては、ユーロが欧州連合の共通通貨となった当時の一五ユーロが一リーヴルにあたるという推定もある。わかりやすいのは給料を基準とすることだろう。十八世紀には、単純労働者なら一日に一リーヴル、左官なら一・五リーヴルから二リーヴルを稼いでいたようだ。

訳者あとがき

ヴェルサイユ宮殿は、現代の人々が思い浮かべる宮殿のイメージそのものだ。豪華な城館を広大な庭園が取り囲む世界遺産。きらびやかな〈鏡の回廊〉、数々の美術品やあふれる装飾、圧倒的な規模の整然と整えられたフランス式庭園が、世界中の人々を惹きつけてやまない。旅行のためのガイドブック、建築や庭園についての専門的な書物、フランスの王政についての歴史書など、この壮大な王宮を取り上げた本はたくさんある。ところが、確かに著者の言うとおり、城館も庭園も「演じる者のいない劇場」だ。この宮殿が実際に使われていた当時、人々がどのような生活を送っていたのか、特にその日常生活について、私たちは多くを知らない。米国のテネシーで研究生活を送っているウィリアム・リッチー・ニュートンの著書（原題は ***DERRIÈRE LA FAÇADE — Vivre au château de Versailles au XVIIIe siècle***）の全訳である本書は、これまであまり知られていなかったその舞台裏を、丹念な研究をもとに生き生きと描き出す貴重な一冊だ。

太陽王ルイ十四世の残したこの宮殿を訪れる人々が思い浮かべるのは、貴族たちの社交の日々だ。贅沢な食事、着飾った女性たち、水面下の駆け引き、舞踏会や音楽会……。ところが、馬車が交通手段だった当時、パリから二十二キロ離れていたこのヴェルサイユの地での宮廷生活は、そこに常時住まなくてはならないという大きな制約をも意味していた。身分の貴賤に関係なく、三度の食事、掃除洗濯、入浴や排泄など、日常生活の基本は人間に共通である。著者の関心は、ヴェルサイユの表の顔ではなく、日々繰り返されるこうした人間くさい毎日の営みにあった。もちろん、まとまった資料などない。著者は、当時やりとりされた手紙や、官僚機構の報告書などを精力的に読みこんだ。本書では割愛したが、フランス語の原著では参考とした文献名をはじめとする脚注が二十二頁にわたっており、膨大な量の情報の断片から織物を紡ぐように当時の姿を明らかにしている。

そもそも、ヴェルサイユ宮殿に二百二十六室の居室があったということすら想像しがたいが、著者が物語る当時の様子は、驚きの連続だ。使用人はおろか、貴族たちの部屋でさえ、寒さに凍え、煙突の煙にいぶされ、薄暗く、狭苦しかったこと。豪華な食事会でふんだんに出される食事は、残り物がおこぼれの要領でたくさんの人々のお腹を満たし、最後は城館の外でまで売られていたこと。電気のない当時の照明に使った蠟燭《ろうそく》は官位に応じた支給制で、溶け残りをかき集めた役得の蠟や、未使用分の返品で得るお金が収入の一部となり、実質上の通貨のようになっていたこと。水を引いてくるのも汚水を処理するのもたいへんで、飲み水が貴重だった上、美しい庭園の噴水や運河が悪臭のもとにすらなっていたこと。トイレが足りず、城館や庭園で用を足すのが普通だったこと。便槽の掃除をする技術が未熟だったため、掃除の際に死者が出るほどの悲惨な状態だったこと。宮殿の廊下や中庭に勝手に台所をつくりつけたり、こっそり暖房を取りつけたりして、それがもとで火事がよく起こったこと。王族の着衣ですら洗って干す場所が定まらず、洗濯物がはためく光景が城館からも見えたこと……。

次々と繰り出される事実は信じがたく、誰でも小説を読むようにぐいぐいと読み進むことのできる本でありながら、価格をはじめとする数値が、きちんとした裏付けをもとに盛り込まれている。歴史に造詣の深い方にも読み応えのある本である。本書を読み終えると、ヴェルサイユ宮殿が今までとはまったく違って見えてくるはずだ。

本書の翻訳をお引き受けしてまもなく、ベルリンへの転居が決まり、ドイツと日本のあいだを何度も原稿が往復することとなりました。編集にあたってくださった白水社の菅家千珠さんにはたいへんなお手間をおかけしました。また、写真家の南川三治郎さんには素敵なお写真の掲載をご快諾いただきました。この場を借りてお礼を申し上げます。

二〇一〇年五月　ベルリンにて

北浦春香

参考文献

Archives nationales de France [Paris], séries O, Archives de la Maison du Roi.

Philippe de Courcillon, marquis de Dangeau, *Journal du marquis de Dangeau... avec les additions inédites du duc de Sanit-Simon*, Émile Soulié, Louis Dussieux *et alii*, éd., Paris 1854-1882, 19 vol.

Archives nationales, Versaiiles, *Dessins d'architecture de la direction générale des Bâtiments du roi*, tome II, *La Ville, les environs*, Danielles Gallet-Guerne et Christian Baulez, éd., Paris, 1989.

Charles Philippe d'Albert, duc de Luynes, *Mémoires du duc de Luynes sur la cour de Louis XV…*, Louis Dussieux et Émile Soulié, éd., Paris, 1860-1865, 17 vol.

Louis de Rouvroy, duc de Saint-Simon, *Mémoires*, nouvelle édition collationnée sur le manuscrit autographe…, Arthur de Boislisle et L. Lecestre, éd., Paris 1879-1930, 42 vol.

Louis François du Bouchet, marquis de Sourches, *Mémoires du marquis de Sourches sur le règne de Louis XIV…*, Gabriel Jules, comte de Cosnac et Arthur Bertrand, éd., Paris, 1892-1893, 13 vol

訳者略歴
北浦春香（きたうら　はるか）
翻訳家。東京大学法学部卒業。外務省勤務を経て、ストラスブール大学にて美術を学ぶ。『ル・モンド・ディプロマティーク』日本語・電子版スタッフ。
主要訳書　マルク・ルブラン『インターポール』（白水社文庫クセジュ）、フレデリック・モネイロン『ファッションの社会学』（白水社文庫クセジュ）

ヴェルサイユ宮殿に暮らす
優雅で悲惨な宮廷生活

二〇一〇年六月一五日　印刷
二〇一〇年七月　五日　発行

著　者　ウィリアム・リッチー・ニュートン
訳　者 © 北　浦　春　香
発行者　及　川　直　志
印刷所　株式会社　理　想　社
発行所　株式会社　白　水　社
東京都千代田区神田小川町三の二四
電話　営業部〇三（三二九一）七八一一
　　　編集部〇三（三二九一）七八二一
振替　〇〇一九〇-五-三三二二八
郵便番号　一〇一-〇〇五二
http://www.hakusuisha.co.jp
乱丁・落丁本は、送料小社負担にてお取り替えいたします。

松岳社　株式会社　青木製本所

ISBN978-4-560-08072-6

Printed in Japan

Ⓡ〈日本複写権センター委託出版物〉
本書の全部または一部を無断で複写複製（コピー）することは、著作権法上での例外を除き、禁じられています。本書からの複写を希望される場合は、日本複写権センター（03-3401-2382）にご連絡ください。

文庫クセジュ　Collection Que sais-je?

ヴェルサイユの歴史
リュック・ブノワ
瀧川好庸、
倉田　清訳
パリ郊外に幾何学的な美を持ち込んだルイ王朝——王様にとって「家を建てる」とはどういうことなのか？　絢爛豪華な宮殿ができあがるまでを歴史的に正しく物語る「観光案内」の書。

ルイ十四世
ユベール・メチヴィエ
前川貞次郎訳
コルベールを宰相とした重商主義政策のもとで国内外の支配を強化したルイ十四世。くり返される領土拡張戦争、芸術の古典主義の発展など、その絶対主義の機構と華やかな文化の治世を概観する。

パリの歴史【新版】
イヴァン・コンボー
小林　茂訳
世界で最も完璧な町——パリの市民の政治動向は、いかに「町づくり」に反映されていたか？　都市空間の変遷と各時代の表情とを、手際よく展望。あなたの旅行を豊かにするための一冊。

フランス革命史
F・ブリュシュ、
S・リアル、
J・テュラール
國府田　武訳
アンシャン・レジームの終焉からナポレオンのブリュメール18日のクーデターまで、複雑に絡み合った革命の展開を年代順に簡潔にたどった通史の決定版。年表・参考文献・人名索引を収録。